HELLMUT BRUNNER

GRUNDZÜGE
DER ALTÄGYPTISCHEN RELIGION

GRUNDZÜGE

BAND 50

HELLMUT BRUNNER

GRUNDZÜGE
DER ALTÄGYPTISCHEN RELIGION

1983

WISSENSCHAFTLICHE BUCHGESELLSCHAFT

DARMSTADT

CIP-Kurztitelaufnahme der Deutschen Bibliothek

Brunner, Hellmut:
Grundzüge der altägyptischen Religion / Hellmut
Brunner. – Darmstadt: Wissenschaftliche
Buchgesellschaft, 1983.
  (Grundzüge; Bd. 50)
  ISBN 3-534-08424-1
NE: GT

1 2 3 4 5

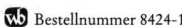 Bestellnummer 8424-1

© 1983 by Wissenschaftliche Buchgesellschaft, Darmstadt
Satz: Maschinensetzerei Janß, Pfungstadt
Druck und Einband: Wissenschaftliche Buchgesellschaft, Darmstadt
Printed in Germany
Schrift: Linotype Garamond, 9/11

ISBN 3-534-08424-1

Für
Susanne und Martin Hürlimann

INHALT

EINLEITUNG

Der Vater der Geschichtsschreibung, der Grieche Herodot, der Ägypten im 5. Jh. v. Chr. bereist hat, nennt die Ägypter die frömmsten aller Menschen. Wenn Religion einerseits eine Art der Weltbetrachtung, ja sogar eine Deutung der Welt und des Lebens in ihr ist, andererseits eine Lebensführung aus dem Gefühl der Verbundenheit zur Gottheit und der Abhängigkeit von ihr als einer geheimnisvollen, haltgebenden und zu verehrenden obersten Macht, dann hat Herodot gewiß recht.

Der Historiker von heute wird freilich sofort eine Verschiebung innerhalb der 3000 Jahre altägyptischer Geschichte feststellen, und zwar von einem staatlich ausgeführten Kult, an dem der Ägypter außerhalb des Tempels wenig beteiligt war, zu einer ganz persönlichen Bindung des einzelnen Menschen an eine Gottheit, auch an deren mehrere. Dieser persönlichen Bindung soll unsere besondere Aufmerksamkeit gelten, da sie bisher in der Forschung kaum die ihr gebührende Aufmerksamkeit gefunden hat, während ausgezeichnete Werke über Tempel und Priester, auch über Theologie der Götter und Formen ihrer kultischen Verehrung, über Mythen und vor allem über den Totenglauben unterrichten. Freilich macht sich auf diesen Gebieten der Positivismus des letzten Jahrhunderts immer noch bemerkbar, indem oft genug die Darstellung der reinen Fakten nicht oder kaum übergreift zu der Frage nach dem Sinn, den die Ägypter mit all diesen Vorkehrungen verbinden. Aber wer solche Lücken beanstandet, möge bedenken, daß innerhalb der jungen, nicht viel mehr als 150 Jahre alten Wissenschaft der Ägyptologie das Verständnis, ja das sachgemäße Erfragen der Religion der jüngste Zweig und zudem, angesichts der Überfülle an Material, die Zahl ernsthafter Mitarbeiter sehr gering ist.

So müssen es sich auch diese „Grundzüge" gefallen lassen, unvollkommen zu sein. Ihr Ziel ist es, einerseits nur möglichst Ge-

1

sichertes zu bieten, sich von allen noch in der Diskussion stehenden Hypothesen freizuhalten, andererseits aber auch „Subjektivität" insofern nicht zu meiden, als sie die Auswahl des Darzustellenden nötig macht. Bestimmte Gebiete werden nur gestreift werden können, so vor allem das überreiche archäologische Material für Tempel- und Grabbau oder Grabausstattung; aber auch Texte zur Religion stehen in einem so überwältigenden Maße zur Verfügung, daß auch Wichtiges unterdrückt werden mußte. Diesem Büchlein kommt es auf größere Zusammenhänge, eben auf „Grundzüge" an. Freilich, ohne das Alphabet zu kennen, kann niemand lesen; wer nicht die biblischen Geschichten kennt, wird keine mittelalterlichen Bilder verstehen. Grundlagen sind also unentbehrlich und sollen geboten werden. Der Umfang aber verbietet, hinreichende Proben der auch künstlerisch bedeutenden religiösen Literatur des Pharaonenlandes aufzunehmen, und der Leser, dem es um ein Eindringen in die religiösen Vorstellungen dieser Zeit zu tun ist, sei nachdrücklich auf die in dem Literaturverzeichnis aufgeführten Quellenwerke hingewiesen.

Das eigentliche Ziel dieser knappen Einführung aber soll sein, dem heutigen Leser die Fakten so zu vermitteln, daß er zwar nicht den ägyptischen Glauben zu dem seinen macht, wohl aber verstehen lernt, daß die Ägypter mit ihm leben konnten. Das aber bedeutet nichts anderes, als daß die ägyptische Religion an der Wahrheit teilhat. Dem Wunsch des Autors, dem Leser ägyptische religiöse Vorstellungen nahezubringen, stehen die überaus fremden und befremdenden Formen entgegen, in denen uns diese Religion begegnet. Damit ist nicht nur das ganz oder halb tiergestaltige Äußere mancher Götter gemeint, sondern auch die anscheinend unlogische Verwendung von Sprachbildern oder die Zusammensetzung von religiösen Vokabeln, die wie Komposita verwendet werden (im Wort, aber ebenso auch in Bildern), während uns oft die Erfassung des Sinnes und aller mitschwingenden Assoziationen verschlossen ist oder jedenfalls schwerfällt. Durch diese Schale, in der allein die ägyptische Religion tradiert ist, gilt es, hindurchzustoßen. Nun ist aber eine Übersetzung ägyptischer Vorstellungen in solche, die unserer Zeit geläufig sind, nur sehr begrenzt möglich. Nicht nur die landschaftlichen und sozialen Gegebenheiten, die am Nil so stark von den unseren abweichen, stehen dem im Wege, auch die aspektivische Vorstellungs- und Darstellungsweise der Ägypter läßt sich nicht auf kurzem Wege, ja kaum nach eingehenden Ausführungen in unsere gewohnte perspektivische transponieren, ohne daß Wesentliches verlorengeht. Wir können die Alten Ägypter nur ein kurzes Stück zu uns holen, wir müssen uns auf den etwas mühsamen Weg zu ihnen machen. Dann allerdings, so meint der Verfasser, lohnt das Resultat. Es ergeben sich Einsichten in Zusammenhänge, die wohl wert sind, bedacht zu werden.

Zunächst sei, noch als Einleitung, von der Stellung der Religion in der altägyptischen Kultur gesprochen, dann von den Quellen und ihrer Erschließung.

Von den *sechs Kapiteln* gilt das erste den Göttern, wobei es keinesfalls auf Vollständigkeit ankommen kann, vielmehr nur auf Grundlinien ägyptischer Vorstellungen, die an Hand einiger weniger ausgesuchter Gestalten zu entwickeln sind. Fragen des Polytheismus führen, noch im ersten Kapitel, zu Echnatons Monotheismus. Das zweite Kapitel bringt, ebenfalls in gebotener Auswahl, wichtigere Mythen und allgemeine Überlegungen zum Mythos in Ägypten, seinem Wesen und seiner Stellung in der Religion sowie zu den Auswirkungen auf Kult und Tempelbau. Das am Nil eng mit der Religion verknüpfte Königtum wird im dritten Kapitel behandelt, im vierten Tempel und Kult. Dem sei ein Exkurs über ein sehr wichtiges, uns aber nur schwer zugängliches Gebiet angehängt, über die Magie. Das fünfte Kapitel soll die enge Verbindung des frommen Menschen, vorwiegend der Ramessidenzeit, mit „seinem" Gott vor Augen führen. Das letzte Kapitel schließlich behandelt den Totenglauben, der sich ja jedem, der sich als Leser oder als Reisender Ägypten nähert, sofort und immer wieder aufdrängt und als besonders befremdlich Erklärungen verlangt, der aber, dank seiner zentralen Stellung innerhalb der ägyptischen Religion, auch besonders aufschlußreich für ägyptische Weltsicht ist, wie sich neuerdings gezeigt hat. Der Schluß mag dann noch einiges Wenige über das Fortleben und besonders das Fortwirken ägyptischer Vorstellungen bringen. Diese Überlegungen sind nicht als Belehrung gedacht, sondern als

Anregungen, wie das Buch überhaupt weniger als Fibel konzipiert ist, sondern zu einer Präzisierung, aber auch Vertiefung eigener Einsichten.

Religion, also der Glaube daran, daß die Welt mit all ihren Äußerungen und ihrer Bewegung von Gott nicht nur geschaffen ist, sondern ständig von ihm erhalten, ja gelenkt wird, daß der Mensch, und zwar jeder einzelne wie das Volk (heute sagt man dafür „Gesellschaft") von ihm abhängig ist, daß dies Verhältnis gepflegt („cultus") werden muß, all diese Vorstellungen sind, soweit wir sehen können, in Ägypten in allen Schichten des Volkes und in allen Zeiten lebendig. Gewiß mag es Leute gegeben haben, die sich wenig darum scherten – sonst wären Grabschändungen, besonders Beraubungen von Pharaonengräbern, auch andere schwere Verbrechen kaum denkbar; aber von einem durchdachten Atheismus hören wir nichts, allenfalls einmal von Zweifeln, ob die Jenseitstexte und -rituale sich wohl ein richtiges Bild vom Fortleben nach dem Tode machen, doch bleibt solcher Zweifel offenbar ganz auf das Gebiet des Totenglaubens beschränkt. Es mag zwar sein, daß unsere Quellen einseitig sind, stammen sie doch ausschließlich aus literaten Kreisen und schildern, von ganz geringen Ausnahmen abgesehen, auch nur deren Leben. Was ein Bauer in Mittelägypten gedacht hat, von seinen religiösen Vorstellungen haben wir kaum eine Ahnung. Daß die Magie dort eine dominierende Rolle spielte, ist wahrscheinlich. In den erhaltenen Dokumenten gibt es Gruppen, die kaum Beziehungen zur Religion haben – juristische Akten, Kaufverträge und ähnliches. Daß dennoch die Rechtsprechung eine religiöse Seite hatte, werden wir sehen (S. 68). Ähnlich religionsfern sind – könnte es anders sein – mathematische Lehrbücher oder derartiges. Aber dieser Hinweis, so banal er erscheinen mag, zeigt doch, daß wir geradezu suchen müssen, wollen wir einen religionsfreien Raum im alten Ägypten nennen. Selbst die meisten Briefe enthalten, zumindest in ihrem Formular, religiöse Passagen, meist in Form einer Fürbitte für den Empfänger. Wir können sicher sein, daß die Religion in ihrer reichen Schattierung von der Frömmigkeit bis zur Magie, vom Götterglauben bis zur Jenseitshoffnung, nicht nur das Alltagsleben durchdrungen, sondern geradezu das Bewußtsein der meisten, wenn nicht aller

Ägypter bestimmt hat. Entsprechend unübersehbar sind die *Quellen* für die Religion der pharaonischen Zeit.

Die ägyptische Religion ist keine Buchreligion in dem Sinne, daß sie auf einer schriftlich fixierten Offenbarung beruhte (wie Judentum, Christentum und Islam), aber dennoch eine Religion, in der die Schrift eine entscheidende Rolle spielt, und das nicht nur für uns, sondern auch für die Ägypter selbst. Freilich läßt sich der Wert der mündlichen Tradition nur annähernd bestimmen, nachdem das Wort verhallt, die Schrift aber teilweise erhalten ist. Vieles, wenn nicht das meiste, was etwa im Kult erklungen ist, kennen wir, weil man es irgendwann einmal aufgeschrieben hat, und die Totentexte sind wohl weitgehend erhalten, sowohl die Rituale der Beisetzung und des Totendienstes wie auch solche, die im Jenseits selbst von Nutzen sein konnten. Im ganzen ist die Lage die, daß *Texte,* bei denen es auf den Wortlaut ankam, damit sie wirksam werden konnten, eher schriftlich fixiert wurden und damit die Chance bekamen, bis heute erhalten zu bleiben; daneben gab es gewiß einen sehr umfangreichen Bestand an mündlich Überliefertem, das nur ausnahmsweise und mehr zufällig aufgeschrieben wurde, und von dem Geschriebenen selbst ist auch das weitaus meiste verlorengegangen. Zur ersten Gruppe, zu den weitgehend schriftlich tradierten Texten, zählen die Rituale des Tempelkultes, des täglichen wie des an Festtagen zelebrierten, zählen Totentexte wie die in den Pyramiden erhaltenen, die Sargtexte, das Totenbuch, die Unterweltsbücher, teilweise die Beisetzungsrituale, Formulargebete, Hymnen; zur anderen Gruppe, der vorwiegend mündlich weitergereichten Texte, Beschwörungen verschiedener Art, aber auch die großen Mythen und gewiß viele „theologische" Werke.

So ist unsere Ausgangslage, was die Texte betrifft, nicht die beste. Abgesehen von überaus großen Textverlusten insgesamt, ist ein deutliches Ungleichgewicht festzustellen. Schon die Ägypter trafen eine scharfe Auslese und hielten selbst Dinge, die für uns so wichtig sind wie die Mythen, nicht für aufzeichnungsbedürftig. Erst in der Spätzeit sammelten sie offenbar Nachrichten und Kulttexte systematisch, doch sind gerade Mythen, da sie damals offenbar als Geheimnis galten, nur in wenigen Handschriften festgehalten, von denen fast nichts erhalten ist. (Ein Papyrus, der heute den Namen Pap. Jumilhac trägt, sammelt alle Fakten über Kulte und Mythen eines einzigen Gaues, und zwar eines sonst wenig hervorgetretenen, des 18. von Oberägypten. Solche Aufstellungen haben gewiß auch für andere Gaue existiert.) Zu der antiken Selektion kommt also noch die der Erhaltung. Da die in der trockenen Wüste gelegenen Gräber samt ihrem Inhalt erheblich besser konserviert sind als Tempel und Wohnhäuser samt deren Bibliotheken, ist auch hier die Erhaltung wieder einseitig. Wirklich gut unterrichtet sind wir nur über den Totenglauben. Wir kennen fast nur das, was absichtlich oder zufällig in der Wüste in den Boden kam – Grabfunde vor allem, gelegentlich auch Verstecke, wenn der Stadt Gefahr drohte. In den Siedlungen des Fruchtlandes dagegen sind an religiösen Texten fast nur solche zutage gekommen, die in Hieroglyphen auf Tempelwände geschrieben stehen. Nun sind aber einmal die Tempelbauten aus älterer Zeit, soweit sie überhaupt erhalten sind, ausgesprochen schweigsam – sie tragen fast nur Worte des täglichen Tempelrituals, das auch in Bildern gezeigt wird, aber auch dies meist nur andeutungsweise. Dazu kommen gelegentlich Königsinschriften, die von einer Tempelgründung oder einer Stiftung zugunsten eines Gottes sprechen. Tempelbibliotheken sind nicht erhalten, nur ihre Inhaltsverzeichnisse aus später Zeit, wie überhaupt die späte Periode der griechisch-römischen Herrschaft redseliger wird und uns – neben jung verfaßten oder überarbeiteten Werken – auch mancherlei Wertvolles aus alter Zeit überliefert hat; die Sichtung und Bearbeitung dieses umfangreichen Textgutes ist noch in vollem Gange.

Zu den Texten, die also höchst ungleichmäßig überliefert sind, treten als wichtige Quelle die *Bilder,* an denen Tempel wie Gräber reich sind, deren Interpretation aber nur mit Hilfe der Texte gelingt, die dann aber überaus wichtige Informationen und Ergänzungen liefern. Doch auch so manches nicht Sagbare schildern die Bilder.

Die *Erschließung* des zwar einseitigen, aber doch sehr reichen Materials hat in den letzten Jahren erhebliche Fortschritte gemacht. Abgesehen von den Hieroglyphen-Inschriften der ptolemäisch-römischen Tempel liegen von den meisten Texten zuverlässige Bearbeitungen und Übersetzungen vor. Bei der Schwierigkeit der Interpretation fremder religiöser Vorstellungen wird verständlich, daß die Deutung oft zu widersprüchlichen Ergebnissen führt, wenn auch über die Grundzüge Konsens besteht. Bei den Bildern dagegen gehen die Meinungen – soweit nicht Texte, besonders beigesellte Inschriften, Klarheit schaffen – weit auseinander, und der Verfasser gesteht, daß er der heutigen Tendenz, in sehr vielen Darstellungen des täglichen Lebens wie Jagd, Festmahl mit Freunden, bis hin zu dem bei solchen Gelegenheiten beliebten Salbkegel verkappte Anspielungen auf eine Wiedergeburt zu sehen, äußerst skeptisch begegnet. Dasselbe gilt für den Schwammbegriff „Fruchtbarkeit", der noch dazu gelegentlich mit der „Regeneration" gekoppelt wird. Auch hier scheint mir sowohl größte Zurückhaltung in der Interpretation schriftloser Denkmäler (und die Texte stützen die tiefsinnige Deutung solcher Monumente durch Religionshistoriker so gut wie gar nicht) ebenso geboten wie eine Trennung von Fruchtbarkeit für das Feld, für wilde oder Haustiere, für Männer und andererseits für Frauen – das sind offenbar sehr verschiedene Erlebnisbereiche, die eine differenzierte Betrachtung erfordern. Für den vorliegenden Grundriß mögen solche Hypothesen unberücksichtigt bleiben, bis sie veri- oder falsifiziert sind. Es gibt genügend Quellen, die sich mit hinreichender Sicherheit interpretieren lassen, als daß wir auf unsichere angewiesen wären.

Wer Ägypten verstehen will, muß sich ganz besonders mit seiner Religion beschäftigen. Hierzu will das vorliegende Büchlein einen Einstieg bieten. Der Verfasser gibt sich der Hoffnung hin, daß durch seine Lektüre manche Fehlurteile über das Pharaonenreich, die sich allzuleicht bei Touristen einschleichen, ein wenig berichtigt werden, kann man doch eine tiefere Beschäftigung mit einer so fremden Materie schlechterdings bei den meisten Ägyptenliebhabern nicht voraussetzen. Wer sich ernsthaft mit Ägypten einläßt, der läuft Gefahr, in Einzelheiten zu ertrinken und über den (faszinierenden!) Details nicht zu einem Gesamtbild zu kommen. Für das besonders verwirrende und spröde Gebiet der ägyptischen Religion möchte dieser Abriß eine Schneise schlagen und Wichtiges von weniger Wichtigem oder Belanglosem trennen, wobei dem Verfasser bewußt ist, daß andere Fachleute anderes für wichtig halten werden. Sei's drum; die Auswahl geschieht nicht unüberlegt, sondern nach einer Überzeugung, die in vielen Jahren der Beschäftigung mit der Materie gewonnen worden ist.

I. GÖTTERGLAUBE

Die ägyptische Religion ist, wie alle uns faßbaren Religionen des Mittelmeerbeckens, theistisch, d. h., sie geht von der Existenz von Göttern aus und nimmt deren Einwirken auf die Welt der Menschen an. Was einem heutigen Menschen, sei er Christ, Jude oder Moslem, zunächst auffällt und was schon den Griechen ein Ärgernis war, ist die *Gestalt* mancher Götter der Pharaonenzeit, die mit Teilen, meist Köpfen, von Tieren abgebildet werden. Auch die griechische Religion kennt zwar Tiergestalten oder Mischformen von Mensch und Tier, nimmt aber solch hybride Formen bei Göttern nur als vorübergehende Verwandlungen an (Zeus als Stier oder Schwan), oder aber bei Halbgöttern oder Dämonen (Faunen, Satyrn, Kentauren); im übrigen sind von halb- oder ganz tiergestaltigen Wesen der archaischen Zeit (Blaubart) nur noch Beiwörter übriggeblieben wie „kuhäugig" oder Attribute wie die Eule der Athena.

Was hat es mit der Tiergestalt oder den Tierköpfen bei Ägyptern auf sich? Zum Verständnis dieser bezeichnenden Eigenheit trägt es wenig bei, auf ihre Genesis hinzuweisen: daß nämlich in vorgeschichtlicher Zeit, wie noch bis in die Gegenwart Schwarzafrikas, Numina sich in Tieren zeigen können. Tiere verfügen vielfach über Fähigkeiten, die dem Menschen versagt sind, Fliegen etwa, erhöhte Kraft oder Schnelligkeit, schärfere Sinne, und solche Überlegenheit, die den Menschen im Kampf besiegt, macht sie leicht zum Symbol für übermenschliche Macht und rückt sie in die Sphäre der Gottheit. Und dennoch: Nur ganz primitive Ägypter dürften sich vorgestellt haben, es gebe im Himmel einen Menschen mit einem Ibiskopf, wie nur selten ein Christ des Mittelalters oder der Barockzeit buchstäblich geglaubt haben wird, im Himmel wohne ein Mensch, der seine eigene, ihm im Martyrium abgezogene Haut über dem Arm trage, wie die Bildhauer den hl. Bartholomäus dargestellt haben. In beiden Fällen soll einem Menschen, der nicht lesen konnte, dem also die

Hieroglyphenbeischrift bzw. der Name auf dem Sockel oder auf dem Schriftband nichts besagte, mitgeteilt werden, um wen es sich hier handelt. So sind solche Attribute gedacht: Abzeichen, die dem Wissenden (und das sind alle Ägypter gewesen) sagen, welcher Gott gemeint ist. Diese Kennzeichen können Tierköpfe sein, auch ganze Tiere auf einem Menschenleib (der Käfer beim Sonnengott) oder auch nur Teile von Tieren wie Kuhgehörn oder Kuhohren (bei Hathor), es können aber auch Geräte wie das Sistrum, vor allem aber Hieroglyphen sein (Thronsitz bei Isis, eine Zeichengruppe bei Nephthys). Manche Götter werden in der Ikonographie nur durch ihre Haltung unterschieden (Sechmet und Uto; Upuaut und Anubis) oder gar nur dadurch, daß an der Sonnenscheibe auf dem Haupt statt einem zwei Uräen (Month) sitzen. Meist sind diese unterscheidenden Merkmale eindeutig, doch gibt es für manche Götter mehrere Möglichkeiten der Kennzeichnung: Hathor kann als Wildkuh, als Frau mit Kuhkopf, als Frau mit Sonnenscheibe zwischen dem Kuhgehörn erscheinen; Amun rein menschengestaltig, als Widder, als Gans.

Durchaus nicht immer können wir den Zusammenhang zwischen dem Gott und seinen Attributen erkennen. Warum verbindet der Volksglauben den Amun mit einer Nilgans? Daß der Widder etwas mit der männlichen Sexualpotenz zu tun hat, leuchtet ein, und so wird man mit Recht annehmen können, daß dort, wo er einem Gott zugeteilt wird, von diesem Naturtrieb die Rede sein soll. Die Sonnenscheibe treffen wir bei so vielen Gottheiten, männlichen wie weiblichen, daß ihre Bedeutung (zunächst wohl ein Hinweis auf kosmische Schöpferkraft) verblaßt zu sein scheint, fast zur Rolle eines Nimbus, und auch Kronen können nur sehr bedingt als Unterscheidungsmerkmal dienen – obwohl die Doppelkrone nur Atum zugehört. Hier gilt: Das ägyptische Pantheon ist nicht eine systematische gedankliche Schöpfung, sondern aus religiösen Erlebnissen und Bedürfnissen hervorgegangen, die zeitlich und sozial sehr verschiedenen Ursprungs sind (Jäger, Ackerbauer, Handwerker, Ober- und Unterschichten usw.). „Wie immer der Ägypter die Kombination wählen mag, die ‚Mischgestalt‘ seiner Götter ist nichts anderes als eine Hieroglyphe, eine Form der ‚Schreibung‘ nicht für den Namen, sondern für Wesen und Funktion der gemeinten Gottheit"[1]. Wie nur manche Namen Auskunft über das Wesen der Götter geben, so bleiben auch Herkunft und Bedeutung vieler Attribute verborgen, ja sie waren nachweislich auch den Ägyptern geschichtlicher Zeit nicht immer deutlich.

Götter werden nicht erdacht, sind kein Produkt einer spekulativen Theologie, sondern *sie werden erlebt.* Dieser Vorgang aber bleibt dem Forscher in aller Regel verborgen. Nur gelegentlich kann er, nur am Äußeren orientiert, ihn verfolgen. Dafür ein Beispiel: Im späteren Neuen Reich fühlt sich der einzelne Mensch in einer ihr festes Gefüge verlierenden Gesellschaft einsam, gefährdet, er hat Angst. Dies sein Lebensgefühl findet seinen religiösen Ausdruck in einem neuen, bis dahin unbekannten Gott, der *„Sched"* heißt, d. i. „Retter". Schon vorher, ja seit je, wurde dieser oder jener Gott als Retter erlebt – sei es der Stadtgott, sei es ein individuell besonders verehrter Gott, sei es der Gott, der für diese oder jene Situation „zuständig" war – und erhielt von Fall zu Fall das Beiwort „Retter". Nun aber, als sich die bisher nur in einzelnen gefahrvollen Momenten hervorgetretene Hilflosigkeit des Menschen zu einem Grundgefühl verdichtet, tritt ein neuer, bis dahin unbekannter Gott dieses Namens hervor, und zwar in der Gestalt eines Kindes, die er von Horus übernimmt, dem in tausend Gefahren einsam aufwachsenden Götterkind (s. u. S. 56 f.). Anders aber als Horus ausgestattet mit einem Bogen zum Erlegen der Feinde, einem von Greifen durch die Luft gezogenen Wagen, mit dem der Gott schnellstens zu Hilfe eilen kann, und anderen Abzeichen, die ihn zu einer neuen, bis dahin unbekannten Gestalt werden lassen.

Gewiß, dieser Gott Sched hat keinen eigenen Kult und keinen Tempel mehr bekommen, dafür ist er Spätkömmling – aber analog zu seiner „Entstehung" müssen wir uns wohl auch die der großen Götter 2000 Jahre früher vorstellen: Religiöse Erlebnisse wie das Eingreifen unfaßbarer Mächte, seien sie bedrohlich oder helfend, feindlich oder liebend, nehmen die Gestalt und den Namen von Göttern an, werden damit ansprechbar, und der Mensch versucht,

---

[1] Hornung, EuV, S. 113.

11

ihnen angemessen zu begegnen. Die schwierige Frage nach dem Alter ägyptischer Götter mag hier als zweitrangig für unser Verständnis auf sich beruhen – ich möchte annehmen, daß die Gestalten nicht weit in die Zeit vor 3000 zurückreichen.

Herodot berichtet, daß „fast alle hellenischen Götternamen aus Ägypten stammen" (II 50), was nach unseren wissenschaftlichen Erkenntnissen in etymologischem Sinne nicht stimmen kann. Er meint offensichtlich, wie die Ägypter, mit „Namen" zugleich „Person", und tatsächlich dürften die Ägypter eines der frühsten Völker sein, die das vage Erlebnis der Begegnung mit einer numinosen Macht zu dem einer Begegnung mit einem personhaften und damit ansprechbaren Gott verfestigt haben – und erst damit kann es *Götternamen* geben. Diese also sind neben der Gestalt ein zweites unterscheidendes, individualisierendes Merkmal, zugleich eines, von dem wir nähere Auskunft über das Wesen eines Gottes erwarten[2]. Jedoch wird auch hier, wie bei der Gestalt, die Hoffnung weitgehend enttäuscht: Die meisten ägyptischen Götternamen besagen wenig, sei es, weil sie keine uns erkennbare und deutbare Etymologie haben, sei es, daß sie den Gott nach einer Stadt benennen (Bastet), sei es schließlich, daß der Name zu allgemein ist (Sechmet = „die Mächtige"). Ob es sich um „Decknamen" handelt, hinter denen sich der „eigentliche" Gott verbirgt, ist sehr fraglich – mag sein, daß sich die Eigentümlichkeit vieler Götter nicht in ein Wort fassen ließ. Wenn freilich Amun „der Verborgene, der Unsichtbare" heißt, so paßt der Name vorzüglich, wie wir noch vernehmen werden, und beim „Wanderer" Chons liegt die Deutung auf der Hand: Er war ein Mondgott. Dagegen bleiben die Namen von Ptah, Isis, Osiris, Neith, Chnum u. a. undeutbar oder wenigstens in ihrer Deutung umstritten.

Zu erwähnen ist noch die Vielnamigkeit mancher Götter. Bei großen wie Osiris oder dem Sonnengott werden lange Litaneien re-

[2] Vgl. dazu H. Brunner, Name, Namen und Namenlosigkeit Gottes im Alten Ägypten, in: Heinrich von Stietencron, Der Name Gottes, 1975, S. 33–49; dort auch zu geheimen Namen und Namenlosigkeit ägyptischer Götter.

zitiert, die oft nur aus Namen und Beinamen bestehen. In griechischer Zeit wird Isis als „die Vielnamige" angerufen, und ihre „Namen" werden ihr hymnisch zugesungen. Damit kommen wir den „Namen" einen Schritt näher: Sie sind nicht nur Unterscheidungsmerkmale, sondern Aussagen, ja wirkungskräftige Symbole; in diesem Sinne werden auch Prädikate der Gottheit von den Ägyptern „Namen" genannt. Da also der Name (nicht nur der Götter, auch der von Menschen und Orten) dem Ägypter etwas über das Wesen des Trägers aussagen kann, drückt sich in der Vielnamigkeit die Vielfalt des Wesens und der Umfang des Wirkungsbereiches eines Gottes aus.

So wie ein mächtiger Gott viele Namen hat, so hat er auch viele *„Erscheinungsformen"*, wie wir das ägyptische Wort Cheperu etwas unbeholfen übersetzen. Gemeint sind damit nicht seine Gestalten, wie sie oben besprochen sind, sondern die Weisen, mit denen er auf die Welt einwirkt, sowohl auf die „Natur" wie auf die Menschenwelt, wie auch in das Leben des einzelnen. Die Gottheit ist zugleich innerweltlich in ihren Wirkungen, aber auch überweltlich – ihr Wohnsitz kann als „Himmel" benannt werden, bleibt aber im allgemeinen verborgen; Götter gehen, nachdem sie in der Menschenwelt eine Tat vollbracht haben, „dorthin, woher sie gekommen sind"[3]. Sie sind noch unverfügbarer als die Bewohner des griechischen Olymp. Und doch sind sie – wenigstens im Neuen Reich – auch dem Menschen nahe, sie sind im Kult und fürs Gebet (s. unten Kap. IV und V) erreichbar, sie wirken ständig auf die Welt ein.

Bevor wir einzelne Götter betrachten und ihr Wesen zu umreißen suchen, wodurch sich auch das Verständnis für ägyptische Götter allgemein vertiefen wird, sei noch ein Wort zur Kulttopographie gesagt. Man hat lange gemeint, Götter aus ihrer lokalen Herkunft „erklären" zu können. Es war aber keineswegs so, daß zunächst, etwa in der späten Vorgeschichte, jeder „Gau", ja jede „Stadt" (wenn es so etwas damals überhaupt gegeben hat), also jede Region ihre eigene Gottheit verehrt hat und daß sich dann diese Götter oder gar noch Machenschaften ihrer Priester (die es damals als Beruf gewiß

---

[3] Pap. Westcar 11, 9f. = E.B.-T., Märchen S. 22.

nicht gab!) je nach politischer Bedeutung oder Ohnmacht ihrer „Heimat" eine mehr oder weniger weit verbreitete Anerkennung und Verehrung im ganzen Lande errungen hätten. Gewiß finden wir in geschichtlicher Zeit Gottheiten mit einem sehr begrenzten Lokalbereich der Verehrung – aber immer entspricht dem ein spezialisiertes Wesen, eine ebenso begrenzte Wirkung. Von vornherein treffen wir daneben auf Götter, die, auch wenn sie vorwiegend in einem Zentrum verehrt werden, doch im ganzen Lande bekannt sind und an mehreren, oft weit auseinanderliegenden Orten Tempel besitzen, wie den widderköpfigen Gott *Chnum*, dessen Kult von der Südgrenze Ägyptens, der Insel Elephantine und dem Ersten Katarakt, über Esna und Theben, Mittelägypten (Her-wer – Antinoë) und Memphis bis in den 2. unterägyptischen Gau reicht, in den meisten Fällen schon im 3. Jahrtausend. Ein kosmischer Gott ist Chnum nicht, seine Kräfte verbinden sich mit der Vorstellung von der Quelle des fruchtbaren Nilwassers, aber auch mit der Formung des einzelnen Menschenkindes vor der Geburt, dessen Leib er individuell auf der Töpferscheibe bildet. Ihn einen „Gott der Fruchtbarkeit" zu nennen, wäre nicht nur unerlaubt vereinfachend, es würde auch spezifische Merkmale unberücksichtigt lassen. Auch *Sobek*, krokodilgestaltig, hat viele Verehrungsorte, die über das ganze lange Niltal verstreut immer dort liegen, wo eine Schnelle oder Flußenge oder auch andere auffallende Gewässer Aufmerksamkeit erregen. Dies nur als Beispiel, daß die Trennung in Ortsgötter und (jüngere) kosmische Götter, wobei erstere Tierbeziehungen haben sollen, letztere rein menschengestaltig seien, nicht sachgerecht ist. Thot als kosmischer Gott ist eng mit Ibis und Pavian verbunden, während andererseits eine gewiß nicht „kosmische" Gottheit wie Neith (vielleicht eine Jagd- oder Wassergöttin) keine Verbindung mit einem Tier zeigt – auch sie wurde übrigens, obwohl in Sais beheimatet, von jeher im ganzen Lande verehrt. Kulttopographie ist für das Verständnis ägyptischer Religion weitgehend steril.

Da es nicht Ziel dieses Büchleins sein kann, auch nur die wichtigsten ägyptischen Götter mit ihrer Mythologie, Ikonographie und Theologie vorzuführen, da es vielmehr nur auf die Grundzüge ankommt, beschränken wir uns auf Beispiele. Götter mit einem breiten

Mythos wie Osiris sollen in dem der Mythologie gewidmeten Abschnitt behandelt werden, entfallen also an dieser Stelle ohnedies. Wir wählen hier solche ohne große Familien und ohne zahlreiche oder bedeutende Geschichten aus und bemühen uns dabei um besondere Mannigfaltigkeit, beschränken uns aber auf „große", d. h. sowohl möglichst im ganzen Lande verehrte als auch reich bezeugte und damit uns besser zugängliche Gestalten. Das Gewicht der Darstellung kann nicht auf der geschichtlichen Entfaltung der Gottheit liegen, vielmehr auf der inneren Folgerichtigkeit und der Konsequenz jener Entfaltung, ohne daß freilich der Bezug zu der jeweiligen geistigen Situation außer acht bleiben dürfte. Immer müssen Autor wie Leser sich klarmachen, daß die ägyptischen Götter keine „Götter der Philosophen" sind, keine ausgeklügelten Wesen, sondern lebendig erfahrene Gestalten. Unverständliches, Geheimnisvolles, Widersprüchliches möge getrost stehenbleiben; teils mag unser unvollkommenes Verständnis die Ursache dieses uns Heutige wenig befriedigenden Erkenntnisstandes sein, teils mag es sich um ein Mysterion handeln, das sich logischen Erklärungen entzieht. Die Grenze des zu Erforschenden ist in der Religionswissenschaft nicht in methodisch gesicherten Regeln festzulegen, man hat sie zu spüren (auch das ist in der Wissenschaft möglich und erlaubt).

Wählen wir zunächst den Gott *Thot*, den die Griechen ihrem Hermes gleichsetzten. Er gehört zu den großen, noch in der Spätantike auch außerhalb des Niltales verehrten Göttern (als Hermes Trismegistos stand er südlich wie nördlich des Mittelmeeres in hohem Ansehen); mehrere Erscheinungsformen sind ein Zeichen für ein weites Wirkungsfeld in verschiedenen Lebensbereichen, und schließlich konnten in letzter Zeit gerade über ihn erhellende Erkenntnisse gewonnen werden[4].

Zwei Tiere sind dem Gott zugeordnet, der Ibis und der Pavian.

[4] S. Schott, Thot, le dieu qui vole des offrandes et qui trouble le cours du temps, in: Comptes rendus de l'Académie des Inscrr. et Belles Lettres 1970, 1971; Gg. Posener, in: L'annuaire du Collège de France 62–64, 1961–1964; A.-P. Zivie, in: Bull. Soc. Franç. d'Egyptol. No. 79. 1977.

Über die Gründe, warum er in diesen beiden in Erscheinung trat, warum er in ihnen verkörpert erlebt wurde, sagen die Quellen nichts. Freilich gelten beide Tiere als klug und listig, doch bleiben psychologische Deutungen im vagen. Dargestellt wird der Gott meist als Mensch mit Ibiskopf, wobei den Künstlern ästhetisch befriedigende Lösungen für den schwierigen Übergang von menschlichen Schultern zum Vogelhals gelingen; daneben erscheint Thot als Pavian, während aus unbekannten Gründen die Gestalt eines Mannes mit Paviankopf für ihn vermieden wird. Zugeordnet ist ihm auch der Mond (er erscheint dann als Mann mit dem Mond in beiderlei Gestalt, Sichel und voller Scheibe, auf dem Kopf, auch mit der Mondsichel allein), ohne daß man ihn schlichtweg als „Mondgott" bezeichnen sollte, da sich sein Wesen nur zu einem kleinen Teil auf diesen Himmelskörper bezieht, nämlich nur soweit, als er die Mondphasen berechnet, „den Mond wieder füllt", wie die Ägypter sagen. Als Rechner wird er von den verwaltungsfreudigen Ägyptern wie ein Beamter beurteilt, und deren Bewertung ist durchaus zwiespältig. Thot ist es, der nach einem Mythos das verletzte Horusauge heilt, indem er es „füllt". Da die einzelnen Teile eines Auges in der ägyptischen Schrift zur Bezeichnung bestimmter Brüche dienen, man aber bei der Addition der Teile nur $^{63}/_{64}$ erhält, fällt auf Thot der Verdacht der Unterschlagung.

Dieser Verdacht bestätigt sich bei der Zeitrechnung. Die jährliche und die tägliche Einteilung nimmt die Sonne vor, aber die dazwischen liegende Einheit, der Monat, obliegt dem Mond und seinem Gott, eben Thot. Das Jahr gliedert sich in zwölf Monate von je 30 Tagen, dazu eine Gruppe von fünf Schalttagen am Ende. Der Mondumlauf dauert aber nicht 30, sondern nur 29,53 Tage. Diesen fehlenden etwa halben Tag hat Thot unterschlagen und verhält sich damit wie ein ungetreuer Beamter, der etwas von dem ihm anvertrauten Gut behält. Da nun Tempelopfer nach dem Mondkalender dargebracht wurden, kann man Thot auch bezichtigen, er habe den Göttern Opfer gestohlen. Damit wird er allerdings noch nicht, wie der ihm gleichgesetzte Hermes, zu einem Gott der Diebe, aber er ist den Ägyptern so suspekt wie jeder Beamte, dessen Rechenkünsten man ausgeliefert ist.

Thot ist weiter der Erfinder der Schrift und als solcher Schutzgott aller Studenten und Schreiber. Viele religiöse Bücher, besonders Rituale und magische Sprüche, werden auf ihn zurückgeführt; er habe sie erfunden und mit eigener Hand einst geschrieben. Auch in der Götterwelt ist er der Schreiber, der Sekretär der Götter, der ihre Briefe entwirft und ankommende vorliest. Bei dem Weltgott Re fungiert er als Wesir und Stellvertreter, wozu wieder sein enges Verhältnis zum Monde paßt, der ja, mit geringerem Schein, die Sonne bei Nacht vertritt.

Nicht nur die Schrift, auch die Mannigfaltigkeit der Sprachen geht auf ihn zurück, und im Jenseits dient er den Menschen, die nicht ägyptisch sprechen, im Totengericht als Dolmetscher. Sein eigentliches Gebiet aber ist doch die Messung. Er vermißt das Land Ägypten, die Felder, er ist der Herr des Katasters, aber auch der Wägemeister an der Totenwaage (S. 133). Beim Gericht erscheint er teils als Gehilfe, teils als Richter selbst, zu welchem Amt er besonders geeignet ist, da er als Schriftkundiger und Protokollant der Götter, als Führer der Annalen der Götterwelt alles weiß; diese Wissenschaft macht ihn auch zu einem Arzt und – besonders im Volksglauben – zu einem Magier. Er beherrscht nicht nur die Bücher in den Tempelbibliotheken, er verwaltet sie auch als Bibliothekar, und an ihn hat man sich zu wenden, wenn es gilt, den Bauplan für einen neuen Tempel zu gewinnen, der sich an alte Zeichnungen auf den Papyrusrollen anlehnt – Thot ist zugleich Erfinder und Wahrer der Tradition. Dagegen vermeiden es die nichtmagischen Texte, die „theologischen", könnten wir überspitzt sagen, ihn als Weltschöpfer zu kennzeichnen. In untergeordneten Gebieten mag er selbständig schalten, aber große Entscheidungen hat er nur auszuführen, nicht selbst zu treffen.

Ich denke, das Wesen dieses Gottes ist deutlich geworden. Ist es ein Zufall, daß sich manche, ja wohl entscheidende Züge mit denen des Hermes der Griechen, mit dem er auch stets verglichen worden ist, decken – bis hin zum Verdacht, er könne unredlich handeln? Identisch sind beide Gestalten, Thot und Hermes, nicht, aber bis zu einem gewissen Grade ähnlich. Da von einer Beeinflussung nicht wohl die Rede sein kann, müssen wir damit rechnen, daß sie beide antiken Wirklichkeiten entsprechen, und das eben, weil sie nicht erdacht, sondern erfahren worden sind.

Während sich mit Thot einige mythische Erzählungen verbinden, während seine Rolle sich immer wieder im Verhältnis zu anderen Göttern entfaltet, steht *Amun* meist allein. Daß ihm im Zuge der Triadenbildung (S. 28) Mut als Gemahlin und Chons als Sohn zugesellt werden, daß neben ihm außerdem eine „grammatische Gefährtin" Amaunet (Femininum von Amun) auftritt, ändert nichts an seiner Mythenlosigkeit – von ihm gibt es keine Geschichten zu erzählen, man kann nur seine Wirkungen in der Welt erleben und formulieren. Im Mittleren und im Neuen Reich war er der wichtigste Gott des Pantheons und wurde in vielen Städten und Tempeln des Landes als „Mitgott" neben einem seit alters dort ansässigen Hauptgott verehrt, so daß die meisten Tempel in dieser Zeit eine Amun-Kapelle besaßen. Sein eigentlicher Kultort aber war Theben.

Wenn wir seinen Namen richtig deuten (schon im Alten Reich scheint er jedenfalls so aufgefaßt worden zu sein), ist er der „Verborgene", was häufig zu „der seinen Namen verbirgt" erweitert wird. Diese Bezeichnung zielt auf sein Element, die bewegte Luft, den Wind, den man zwar hören und in seinen Wirkungen, etwa den bewegten Zweigen wahrnehmen kann, den man aber nicht sieht.

Freilich steht dieser Wind nun wieder für eine andere, religiös eminent wichtige Erscheinung, den Lebenshauch. Zugleich verborgen und doch sinnfällig ist Amuns Wirken: Er ist der verborgene, aber überall wirkende Beleber der Welt, deus absconditus, ineffabilis et omnipraesens, wie man im Mittelalter gesagt haben würde. Dieser sein Charakter als Herr des Lebensodems, der sich im Lufthauch erleben läßt, zeigt sich auch in der Ikonographie in einem regelmäßigen Attribut: In der hohen Doppelfederkrone, die der menschengestaltige Gott trägt. Bei sorgfältigen Darstellungen sind die Federn in viele farbige Felder geteilt, Amuns Körper ist dagegen oft blau wie die ägyptische Luft. „Farbe" steht im Ägyptischen für Charakter, und viele Farben entsprechen einem vielseitigen, vielfältigen Wesen, symbolisieren also ein weites Wirkungsfeld. Und das hat der Gott in der Tat. Wenn auch die mythische Aussage, daß er als

Chaosgott, nämlich als Wind ungeformt und unformbar, dennoch die Schöpfung durch Aufwehen eines Sandhügels im Urmeer eingeleitet hat, jung sein mag, so ist er doch schon im 2. Jahrtausend als alles beseelender Gott erkannt, als Gott, der überall, in jedem Lebewesen, jedem Menschen wirkt. Und dieser Zug einer „Allseele" in sozialem Sinne war es wohl, der seine weite Verbreitung im Mittleren Reich zur Folge hatte; vorher stand er nur am Rande religiöser Vorstellungen.

Das Mittlere Reich fällt auf durch einen „demokratischen" Zug, indem Gesellschaftsschichten hochkommen und an Selbstbewußtsein gewinnen, die im Alten Reich nicht hervortreten und die mit „Bürgertum" nur unzureichend umschrieben sind: freie Handwerker, Händler, kleinere Beamte. Wenn nun Amun die unsichtbare, aber spürbare Gotteskraft ist, die „in allem bleibt", also allgegenwärtig ist, wenn er nicht nur in einem unzugänglichen Tempel thront und dort bedient wird, sondern auch in den Hütten der Bauern, in den Räumen der Arbeiter „lebt", dann verstehen wir, warum seine Verehrung im Mittleren und im Neuen Reich so weit verbreitet ist. Von einer Frontstellung gegen den „Staat" oder die oberen Schichten kann dabei keine Rede sein – klassenkämpferisch waren weder die Ägypter noch ihr Gott Amun; ist er doch gerade im Mittleren und Neuen Reich auch ein staatspolitischer Gott, physischer Erzeuger des Königs (s. S. 73), Initiator der Feldzüge, Verleiher des Sieges und Nutznießer der Kriegsbeute wie der Tribute, die in seinen Tempel wandern und von dort dem ganzen Volk zugute kommen (s. S. 77). Es versteht sich von selbst, daß ein solch mächtiger Gott auch Schöpfer der Welt ist.

Mit dem Gedanken der Weltentstehung verband sich seit je der Sonnengott Re, und es ist bezeichnend für das theologische Denken der Ägypter, daß jeder Gott, bei dem Schöpfereigenschaften erlebt wurden, das Beiwort „Re" erhielt. „Amun-Re" ist daher einer der beliebtesten Namen Amuns – der freilich nur dann gebraucht wird, wenn seine Schöpfer- oder Welterhaltertätigkeit mit ins Auge gefaßt ist –, ist nur seine Allgegenwart gemeint, so steht nach wie vor das bloße „Amun". „Amun-Re" nennen ihn bei entsprechenden Assoziationen sowohl die einfachen Beter, die ihm eine Bitte oder einen

Dank vortragen, wie auch die theologisch genau reflektierten Hymnen oder Kultaussagen. Den bei ihm häufigen Titel „König der Götter" indes teilt er mit anderen, denn die hierarchische Ordnung der Götter wechselt je nach dem Blickwinkel (s. u. S. 34).

Die Frage nach dem Alter der Amunverehrung mag hier auf sich beruhen. Es ist möglich, aber nicht bündig beweisbar, daß Amun zunächst als Windgott von den Nilschiffern Mittelägyptens verehrt worden ist. Seine Wind- und Lufterscheinungsform, die zu seinem Wesen gehört, bleibt jedenfalls bis in die griechische Zeit bekannt, als seine Verehrung bis auf Rückzugsgebiete (z. B. die Oase Siwa mit ihrem Orakel, das Alexander der Große aufsucht) verschwindet.

In der Glaubenswelt der einfachen thebanischen Bevölkerung spielt Amun ebenfalls als Orakelgott, also als Gott, der sich um die Fragen jedes einzelnen Menschen kümmert, eine hervorragende Rolle, und bei seinen mit großer Volksbeteiligung gefeierten Festen rufen ihn die Menschen auf dem Prozessionsweg an (s. u. S. 99). Er erscheint ihnen auch in den Gestalten eines Widders oder einer Gans – ohne daß wir die Gründe dafür kennen. Zu erwähnen bleibt noch, daß der Gott in der 21. Dyn. an die Spitze eines thebanischen Gottesstaates, des ältesten Versuches, auch die Politik ohne Einschränkung Gott anzuvertrauen, getreten ist: Er erteilt Anweisungen, auch solche, die uns banal erscheinen, durch Orakel, nimmt sogar Ernennungen zu äußerst bescheidenen Ämtern vor.

Am deutlichsten wird sein Wesen in den großen Hymnensammlungen des Neuen Reiches, auf die hier der Knappheit halber nur hingewiesen werden kann, bei deren Lektüre aber der Grund für seine hohe Bedeutung sofort evident wird [5]. Amun-Re hat die Menschen nach Völkern, Rassen und Sprachen, ja nach Charakteren differenziert, vor allem aber sorgt er für jeden einzelnen nach seinen speziellen Bedürfnissen, für Tiere ebenso wie für Ägypter und Ausländer. Der ältere, besonders mit dem Sonnengott verbundene Schöpfungsgedanke erfährt durch seine Verbindung mit Amun eine entschiedene Bereicherung, im Sinne einer creatio continua oder

[5] ÄHG S. 188–321.

20

einer Erhaltung der Schöpfung, vor allem aber einer Individualisierung und eines persönlich fürsorglichen Gottes.

Auch bei *Hathor,* einer der bedeutendsten ägyptischen Göttinnen, läßt sich das Wesen nicht auf eine kurze Formel bringen – auch sie wurde mannigfaltig erlebt. Über ihre Gestalt wurde oben (S. 10) schon einiges gesagt – weiter erscheint sie in Bäumen, aber auch als Löwin oder Schlange. Zunächst vertritt sie eine bei den zuchtvollen Ägyptern besonders heikle Seite des Lebens: den Rausch, das Außer-sich-Sein. Das äußert sich sowohl im Festesrausch, der nicht ohne Wein denkbar ist, als auch im Liebesrausch. Hathor ist die Göttin der ausgelassenen Freude, des bewegten, ekstatischen Tanzes, sie ist Liebesgöttin für beide Geschlechter, ist aber auch mütterlich (freilich keine magna mater, die Ägypter kennen keine gebärfreudige Göttin) und hat einen Sohn Ihi, der als eine Gottheit des korrekt durchgeführten Kultes mit einem Sistrum in Händen dargestellt wird.

Es ist Ausdruck der Zwiegesichtigkeit des Lebens, wenn Hathor neben den freudigen Seiten des Liebes- und des Weinrausches auch den Blutrausch kennt; dann wird sie zur wilden Löwin, die die Menschen vernichten kann (s. den Mythos S. 53). Ob es nur die äußere Gestalt einer Löwin ist, die sie mit Tefnut verbindet? Jedenfalls wird von ihr berichtet, daß sie, wie diese, das Land Ägypten im Groll verläßt und nach Süden entweicht (entsprechend der Sonnenbahn im Sommer), von wo sie dann zurückgeholt werden muß – eine Aufgabe, der sich Thot als Götterbote unterzieht und die er mit viel Gewandtheit und Klugheit elegant löst. In Ägypten empfängt das Volk die Heimkehrende jeweils in dem Stadttempel unter großem Jauchzen und Festtrubel.

Die Kuh, mit der sich Hathor vor allem verbindet, ist nicht ein Hausrind, sondern eine Wildkuh, wie sie damals in der talnahen Wüste noch lebte und regelmäßig durch ein Wadi zur Tränke an den Nil kam. Ein solches Tal lag offenbar in Theben-West. Der Talkessel von Der el-bahri kommt dafür mit seinen Steilwänden kaum in Frage, und doch ist er das Zentrum der thebanischen Hathorverehrung. Hier tritt ein anderer Zug der Göttin hervor, der sich logisch dem ersten, der Göttin als Wildkuh, nicht anfügen läßt: Hathor ist eine Höhlengöttin. Eines der überzeugendsten Tierbilder Ägyptens, ja vielleicht der Weltkunst stammt aus einer Höhle: Die Hathorkuh Amenophis' II. von Dêr el-bahri, jetzt im Museum von Kairo. Auch in den Höhlen des Sinai-Gebirges, wo sie als Bergwerksgöttin den Menschen Türkis und Kupfer schenkt, haust sie, und wo immer sie sich offenbart, werden ihr Höhlenheiligtümer eingerichtet[6], im Sinai (Serabit el-Chadim) wie im Niltal (Beni Hasan), ja auch in Der el-bahri.

Es mag diese Liebe zu Höhlen sein, die sie – besonders in Theben, aber nicht ausschließlich dort – zur Totengöttin werden ließ, nachdem die Gräber höhlenartig gebaut waren und Hathor den Toten dort „findet" und ihn mit sich in ihr göttliches Reich nimmt; es mag aber auch ihr Erscheinen in Kuhgestalt aus der Wüste sein, von wo sie, das Uferdickicht durchbrechend, zum Fluß kam. Diese halb aus dem Wüstenberg des Westens herausgekommene und halb vom Papyrus verborgene Kuh der Hathor fehlt in kaum einem thebanischen Grab und ist auch auf vielen von dort stammenden Särgen zu sehen.

Zu diesen beiden Möglichkeiten einer „Erklärung" ihres Charakters als Totengöttin – ihre Verbundenheit mit Höhlen und ihr Erscheinen in Wadis – tritt als Drittes ihr Charakter als Himmelsgöttin, eine schon in der Frühzeit nachweisbare Verbindung. Sie legt sich nahe, weil sie als „Tochter" des Sonnengottes gilt, auch als sein Auge (so im Mythos von der Vernichtung der Menschen, s. u. S. 53). Wie eine jede große Gottheit ist sie nicht voll durch Suchen nach einem Generalnenner zu erfassen, da sie eben nicht durch theologische Überlegungen „entstanden" ist.

In Relief und Malerei erscheint ihr Gesicht entgegen der sonstigen ägyptischen Zeichenweise in Vorderansicht mit eigentümlich dreieckiger Form und mit Kuhohren. An dem ihr geweihten Tempel in Dendera, einem ihrer wichtigsten Kultorte, sind ebenso wie in ihrer anmutigen Kapelle im Tempel von Der el-bahri Säulen und Pfeiler mit je einem solchen Gesicht nach jeder Seite zu sehen. Sie bezeugen Hathor als Göttin des sich über die ganze Erde in alle vier Richtun-

---

[6] A. de Buck, The Egyptian Coffin Texts VI, 1956, 63 m.

gen erstreckenden Himmels. Hathor ist sowohl eine kosmische Gottheit wie auch um das Wohl des einzelnen Menschen besorgt, soweit das Menschenleben etwas mit Rausch, Hingabe, mit Freude, Musik und Tanz zu tun hat, aber auch – wenigstens in Theben – mit dem jenseitigen Erwachen nach dem Tode. Vor allem aber ist es der Freudenrausch, dessen Doppelgesicht am besten in der Metapher für Hathor zum Ausdruck kommt: „Sie ist zornig als Sechmet und gnädig als Bastet" – Sachmet ist eine gefährliche Löwengöttin, Bastet eine Hauskatze, und ständig droht der Freudenrausch umzuschlagen in Gewalttat und Blutdurst, in der Liebe („odi et amo") wie im Weinrausch. Hathor kann sich in einem Augenblick von der Katze in die Löwin verwandeln. Kein Zweifel, daß die Ägypter in der Göttin Hathor ein Stück Wirklichkeit des menschlichen Lebens eingefangen haben.

Ptah ist der Gott der alten Landeshauptstadt Memphis und hat dort seinen Haupttempel, wird aber, besonders im Neuen Reich, im ganzen Lande verehrt. Von den zuvor besprochenen Gottheiten unterscheidet er sich in mehrfacher Hinsicht: So hat er stets rein menschliche Gestalt, allerdings besonderer Art: Sein Körper ist ungegliedert, das Beinpaar nicht getrennt. Nicht aber ist seine Gestalt etwa wie die des Osiris mumifiziert, sondern offenbar archaisch stammartig. Aus dem ungegliederten Körper ragen nur die Unterarme hervor, die meist ein zusammengesetztes Szepter halten. Glatt wie der Leib ist auch der Kopf: Spätere Zeiten haben in der haarlosen Kopffläche eine Kappe gesehen – tatsächlich aber liegt auch hier archaische Formgebung vor. Offensichtlich ist diese seine Gestalt ihm in der späten Vorgeschichte gegeben worden, also gerade zu der Zeit, in die man die Entstehung der personhaften Götter setzen möchte (S. 12).
Er ist ein Gott der Materie, der Materialien, und insoweit ein „Erdgott", als diese Materialien in oder auf der Erde „wachsen": Steine, Metalle, Holz, auch Lehm. Damit ist er zugleich der Gott all · der Menschen, die mit diesen Stoffen arbeiten, vor allem der Künstler, als deren oberster Leiter sein Hoherpriester in Memphis gilt. Ptah hat den Göttern ihre Kultstatuen entworfen, ihnen ihre Gestalt

gegeben, die ihnen jeweils entspricht, in der sie sich zuhause fühlen, „in die sie eintreten" können.

Diese Aussage steht in einem in der Wissenschaft unter dem Namen ›Memphitische Lehre‹ bekannten Text, dessen Datierung umstritten ist – es wird das Alte Reich oder die 25. Dynastie vertreten. In ihm wird die Weltschöpfung Ptah zugeschrieben, und dies auf eigentümliche Weise. Der eigentliche Schöpfungsakt findet zwar, wie allgemein im Alten Orient (einschließlich des Alten Testaments) durch das gesprochene Wort statt, aber diesem „Befehl" gehen zwei andere Phasen voraus: Zunächst „melden die Sinne" dem Herzen, wie der Zustand der Welt ist, dann faßt das Herz einen Entschluß, und erst zum dritten „befiehlt" die Zunge, was das Herz erdacht hat. Dieser Dreiakt, so stellt der Text ausdrücklich fest, ist die Struktur jeglicher Willensbildung bei Mensch und Tier. Die Organe, mit denen Ptah die Welt erkannt hat, gibt er jedem seiner lebendigen Geschöpfe mit, so daß das Leben eine Fortsetzung der Schöpfung impliziert.

Wie zu erwarten, steht neben dieser Vorstellung des Schaffens durch den Geist bei Ptah ein handwerkliches Schaffen im Umgang mit der bildsamen Materie. Ptah ist der „Bildner der Erde", der „Götter, Menschen und alle Tiere formte, der alle Länder und die Ufer und das Meer gemacht hat"[7].

Soweit wir sehen, hat die Gesellung der Göttin *Sechmet* und des Lotosblumengottes *Nefertem* mit Ptah keine religiösen oder theologischen Gründe, sondern ist die Folge einerseits der Kultnachbarschaft, andererseits des Systemzwangs späterer Zeiten zur Triadenbildung. Dagegen scheint es innerer Logik zu entsprechen, daß dem Gotte *Imhotep* als „Sohn" zugesellt wird: Dieser historisch bezeugte Erfinder des ersten Steinbaus (er war der Architekt der Djoser-Pyramide von Sakkara) gilt mit Fug und Recht als Schüler, somit als „Sohn" des Gottes der Erdmaterialien, wozu ihn allerdings erst die Spätzeit gemacht hat[8].

---

[7] Diese Aussagen sind in einem großen Hymnus des späten Neuen Reiches an Ptah enthalten, ÄHG 143.

[8] D. Wildung, Imhotep und Amenhotep, MÄSt 36, 1977, § 13; die

Damit mag es der Beispiele für die Verschiedenheit ägyptischer Götter, ihrer Gestalt wie ihrer Funktion vorerst genug sein. Zu erwähnen bleibt noch, daß alle großen Götter mehr und mehr auch als Schöpfer der Welt verehrt werden, ohne daß ihnen jeweils ein eigener Mythos zugeordnet werden muß. Allgemein aber ist in Ägypten die Schöpfung als Werk des *Sonnengottes* erlebt worden, der allein das Leben auf Erden ermöglicht, der die lebensfeindliche Nacht vertreibt und den zu preisen Darstellungen, vor allem aber hymnische Texte vom Alten Reich bis zum Ende des Pharaonenreiches, nicht müde werden. Wenn wir trotzdem hier dem Sonnengott keinen eigenen Abschnitt widmen, so liegt das einerseits an der unerschöpflichen Vielfalt seiner Wirkungen und den entsprechend verschwimmenden Umrissen, auch an den mannigfachen Namen dieser umfassenden Macht (*Re, Harachte, Atum* usw.), andererseits aber daran, daß sich sein Wesen am deutlichsten in den Schöpfungsmythen entfaltet, die unten (S. 48 ff.) besprochen werden sollen.

Sobald einer der großen Götter: Chnum, Amun, Ptah oder ein anderer, Schöpfereigenschaften zeigt, nimmt er zwangsläufig Züge des Sonnengottes an, die sich in Namenzusammensetzungen oft (aber nicht immer) durch den Zusatz Re zu seinem Namen ausdrükken (Amun-Re, Chnum-Re u. a.). In der Ikonographie setzt man diesen Gottheiten eine Sonnenscheibe aufs Haupt, und es gibt nicht viele, denen sie vorenthalten bleibt; in den Hymnen werden solchen Göttern Namen und Taten zugesungen, die ihre Re-Eigenschaft betonen und der Gestalt des Re entnommen sind, etwa daß ihr Auge die Sonne sei und daß die Welt erwache, wenn es sich öffnet; daß alle Tiere, auch die Fische im Strom, beim Anblick des Gottes vor Freude springen; daß er für die Nahrung der Ägypter durch den Nil, für das Ausland durch den Regen sorge u. v. a. Besonders betonen solche Stellen immer wieder die Mannigfaltigkeit der Schöpfung, die Vielfältigkeit der Lebensbedingungen für Menschen und Tiere, z. B. den Unterschied zwischen einem Küken, das sofort laufen kann, wenn es dem Ei entschlüpft ist, und dem Menschenkind, das nach

a. a. O. § 12 rekonstruierte Nennung des Imhotep als Sohn des Ptah im Neuen Reich bleibt ungewiß.

seiner Geburt noch lange braucht, bis es gehen lernt oder gar sich selbst ernähren kann; auch die Verschiedenheit der Sprachen und Hautfarben – das alles hat die Ägypter stark beschäftigt und wird als Wunder der Schöpfung gepriesen.

Wenn sich nun solche Aussagen in ähnlicher, zuweilen gar in gleicher Form bei verschiedenen Göttern finden, so dürfen wir dabei nicht vom Synkretismus sprechen: Es handelt sich um die „Schöpfereigenschaften", die zunächst beim Sonnengott formuliert, auch bei anderen Göttern entdeckt wurden. Immer legen die Ägypter jedoch Wert darauf, daß der individuelle Charakter eines Gottes gewahrt bleibt. Der den täglichen Dienst am Kultbild vollziehende Priester hat zu versichern, er habe den Charakter des einen Gottes nicht dem eines anderen angeglichen.

Offenbar galt es, einer vorhandenen Tendenz entgegenzuwirken, die bereits zu Beginn des Neuen Reiches die Gottesdienstrituale, wohl auch die Form der Tempelbauten vereinheitlicht hatte. In der zweiten Hälfte des letzten Jahrtausends v. Chr. wurden die meisten Göttinnen der Isis angeglichen; bei Göttern finden wir in geringerem Maße eine Annäherung an Osiris.

Als letzter Gott sei noch einer der „niederen" betrachtet, also einer, der keinen eigenen offiziellen Kult, mithin keinen Tempel, keine Kapelle besessen hat, der aber dennoch in ganz Ägypten eine größere Rolle gespielt haben dürfte als die meisten großen Götter: *Bes*. Er ist ein typischer Volksgott, von allen Menschen verehrt, ja man wird sagen können, geliebt, von der Hütte bis in den Palast. Seine Gestalt ist koboldhaft, wie auch sein Wesen: ein kleiner, krummbeiniger alter Mann, nackt, mit starkem Bauch, einem Tierschwanz, greisenhaften Zügen (meist in Vorderansicht gezeigt), Tierohren, einer langen Mähne und wild gelocktem, ungepflegtem Haar. Oft hängt ihm die Zunge aus dem Mund. Eine Federkrone weist auf afrikanische Zusammenhänge. Der Ort, wo er sein stets gutmütiges, menschenfreundliches Wesen treibt, ist das Haus, in erster Linie das Frauen- und Kindergemach. Diesen ist er als Schutzgott besonders verbunden, den Frauen hilft er bei der Geburt und in anderen Fährnissen.

Zahllose Gegenstände aus diesem Bereich der Frauen-, Wochen-

und Kinderstube tragen sein Bild, und wir können uns vorstellen, wie er den Kindern als treuer Helfer nahegebracht worden ist und sie sich über seine Gestalt gefreut haben. Unendlich verbreitet sind, nicht nur in Ägypten, sondern, im letzten Jahrtausend v. Chr., im ganzen Mittelmeergebiet bis weit in den Westen Spaniens, Bes-Amulette. Die römischen Soldaten und Siedler haben seine Gestalt bis nach Kleinasien und Pannonien, Germanien und Britannien getragen. Theologische und literarische Texte Ägyptens wie auch der Antike schweigen von ihm, denn er gehört nicht den Intellektuellen, sondern Frauen und Kindern aller Schichten.

Das seien einstweilen genug Beispiele für ägyptische Göttergestalten. Einige der allerwichtigsten, vor allem die des Osiriskreises, werden wir noch bei der Besprechung der großen Mythen betrachten. Daß die Zahl der Götter in Ägypten grundsätzlich unbegrenzt ist, weil zu jeder Zeit neue Erlebnisse sich zu neuen Gestalten verdichten können, sei betont.

In ein *System* gebracht haben die Ägypter die Vielzahl ihrer Götter nicht; es gehört vielmehr zum Wesen ihres Polytheismus, daß Rangfolge und vor allem die Zahl der Götter grundsätzlich offenbleiben. Gewiß, in einem lokal oder zeitlich begrenzten Bereich kann einmal ein Gott an die Spitze aller Götter treten, so etwa Amun als „König der Götter" im Theben des Mittleren und Neuen Reiches. In diesem Fall lassen sich politische und theologische, vielleicht sogar im Glauben liegende Gründe ahnen – wir haben oben (S. 19) von dem „demokratischen" Charakter des Gottes gesprochen, und im Neuen Reich, der Zeit der Eroberung fremder Länder, wird gerade ein Gott des Lufthauches auch außerhalb der Grenzen Ägyptens wirksam empfunden. Fremdländer standen damals im Blickpunkt öffentlichen Interesses, so daß die Frage nach dem Verhältnis der Götter zum Ausland aufbrach. In Memphis freilich steht auch in dieser Zeit des Glanzes Amuns der dort seit alters verehrte Gott Ptah den Menschen näher, mit dem Ausland hat er, im Unterschied zu Amun, nichts zu tun. Die Wertung eines Gottes bleibt immer fließend, je nach politischen Umständen, nach Lokaltradition, nach Zeitgeist, auch nach persönlichen Neigungen und Erfahrungen, ja nach der jeweiligen Lebenssituation des einzelnen kann der eine oder der andere Gott der „höchste" genannt werden.

Dennoch durchziehen gewisse Ordnungstendenzen das Pantheon. Zweimal werden uns gleichgeschlechtliche Paare begegnen: Die Schwestern Isis und Nephthys, die sich vor allem in der Klage um den toten Bruder Osiris gesellen, und Horus und Seth, das feindliche Brüderpaar, das die der Welt immanenten Gegensätze verkörpert. Verschiedengeschlechtliche Paare sind häufiger, und in der Regel wird einem Gott eine Gefährtin beigesellt, wobei der Grad, in dem es sich um eine wirklich erfahrene und verehrte Gottheit handelt oder nur um ein Gedankengespinst der Priester, sehr verschieden sein kann. Oft wird diesem Paar ein Sohn zugesprochen (nur in einem einzigen Fall, bei Chnum und Satis in Elephantine, einmal eine Tochter mit Namen Anukis, und das nur in später Zeit und wohl unter Systemzwang – sonst spielt das in anderen Religionen bedeutsame göttliche Mädchen in Ägypten keine Rolle), so daß *Dreiheiten* entstehen: Neben Amun steht als Gemahlin Mut, zu denen dann der alte Mondgott Chons als „Kind" tritt (in anderem Zusammenhang hat Amun eine „grammatische Gefährtin" Amaunet, die ohne Kind bleibt); in Memphis gilt Sechmet als Gemahlin des Ptah, Nefertem wird als deren Sohn angesehen.

Von hohem Interesse ist – besonders im Hinblick auf das Christentum – die *Trinität* Amun-Re-Ptah, die seit der Zeit des Tut-anch-Amun nachweisbar ist. Was es mit ihr auf sich hat, spricht ein Hymnus hinreichend deutlich aus: „Alle Götter sind drei: Amun, Re und Ptah, nicht gibt es sie ein zweites Mal[9]. Verborgen ist sein Name als Amun, er ist sichtbar als Re, sein Leib ist Ptah"[10]. Hier werden die drei bedeutendsten Götter des Neuen Reiches (wenn man von Osiris, dem Gott der Unterwelt, absieht) zu einer Trinität zusammengefaßt: Der unsichtbare, alles durchwaltende, lebenspendende Geistgott Amun, der sichtbare und damit ansprechbare, über die Weltordnung wachende Sonnengott und schließlich

---

[9] Wörtl.: „Es gibt nicht ihre Zweiten", was hier wohl nicht bedeutet „es gibt nicht ihresgleichen", sondern eher „es gibt nichts außer ihnen".

[10] ÄHG Nr. 139.

der materielle, geradezu greifbare Leibgott Ptah. Von ihnen heißt es, daß sie „alle Götter" seien, daß in ihnen also das Göttliche vollständig enthalten sei; und dann wird im folgenden erstaunlicherweise mit einem Singular fortgefahren, als ob es sich nur um *eine* Realisierung handle. Es gibt weitere Belege für diese Trinität des Neuen Reiches[11].

Drei bezeichnet in Ägypten die Vielzahl, den Plural, und die potenzierte Drei, die Neun, eine unbegrenzte, hohe Zahl. Große Götter haben meist eine „Neunheit" um sich, ein Göttergefolge. Werden einmal Namen genannt, so müssen das durchaus nicht etwa neun sein, es sind teils mehr, teils weniger Götter. In einem, freilich zentral wichtigen System, dem von Heliopolis, werden tatsächlich neun bestimmte Götter zu vier Generationen geordnet: Atum als einsamer Schöpfungsgott an der Spitze, der allein das Paar der nächsten Generation, Schu und Tefnut, zeugt, das ist der Luftraum zwischen Himmel und Erde, zugleich das Licht und die Feuchtigkeit (?). Aus ihnen geht, jetzt auf normale geschlechtliche Weise, das nächste Paar, Geb und Nut, also Erde und Himmel, hervor – die Erde männlich, der Himmel weiblich. Diese zeugen vier Kinder: Osiris und Isis, Seth und Nephthys. Der Sohn des ersten dieser beiden Geschwisterpaare, Horus, ist nicht in diesem System enthalten, wohl kaum, weil die Zahl Neun ohne ihn erreicht war (in Theben umfaßt die „Neunheit" 15 Götter), sondern vielleicht weil Horus sich zugleich im lebenden König verkörperte und man bei der Aufstellung der Göttergruppe sich scheute, den König so eng mit den Göttern zu verbinden.

Hier bricht nun die Frage nach dem Wesen des *Polytheismus,* besonders das Problem der Einheit so kräftig auf, daß sie eine wenigstens knappe Behandlung verlangt. Es ist bekannt, daß Echnaton (s. S. 35 ff.) den Versuch gewagt hat, die Vielzahl der Götter durch den Einen, den Sonnengott, der bei ihm den Namen Aton trug, zu ersetzen, daß er diesen Versuch mit der ihm als König zur Verfügung stehenden Staatsgewalt durchgesetzt hat – und daß er damit gescheitert

[11] Hornung, EuV S. 215 f. und, etwas anders, ÄHG Nr. 127 B, Zeile 200–202.

ist. Nach seinem Tode im 17. Regierungsjahr – von dem wir nicht wissen, wieweit er gewaltsam war, es aber annehmen dürfen – nach seinem Verschwinden also, kehrt, zwar nicht plötzlich, aber sehr zielstrebig, die alte Religion zurück und nehmen die vielen Götter wieder ihre alten Plätze ein. Die als Reaktion auf Echnatons Experiment zu verstehenden Verschiebungen, etwa zugunsten des Unterweltgottes Osiris, sind im Ganzen gering[12].

Es hat in der Wissenschaft verschiedene Versuche gegeben, hinter der Vielzahl der Götter eine Einheit zu erblicken, vor allem sie als Emanationen eines höchsten Wesens zu verstehen oder gar eine monistische Weltauffassung bei den Ägyptern zu finden. Richtig daran ist, daß die ägyptische Vorstellung immer einen einzigen Gott als Weltschöpfer an die arche, an das initium setzt – nur einer hat die Welt erschaffen, auch wenn er sich dabei der Hilfe etwa von vier Urgottpaaren, also einer Achtheit, bedient. Doch entfaltet sich dieser Eine sofort zu „Millionen": „Der Eine, der sich zu Millionen machte" ist im Neuen Reich eine häufige Bezeichnung des Schöpfergottes (die Magie, die gerne theologische Formulierungen übernimmt, macht in plumper Weise daraus „zwei Millionen")[13]. Die Einheit steht nur am Übergang vom Chaos zur Schöpfung – daß sie noch die Einheitlichkeit der Welt begründet, wird jedenfalls nicht gesagt. Keineswegs aber ist dieser eine Urgott geschlechtslos; die Aussagen, er sei „Vater und Mutter", rechtfertigen auch nicht die Annahme, er sei androgyn. Vielmehr ist er stets ein Mann, der sich selbst befruchtet – Bilder, in denen er seinen Phallus in den Mund nimmt, widerlegen alle derartigen Spekulationen, zumal auch die Zeugung von Schu und Tefnut durch Masturbieren eindeutig das Geschlecht des Schöpfers erkennen läßt.

Nach diesem Weltbeginn aus einem einzigen Gott aber entfaltet

[12] Es sei denn, man wolle mit Assmann die Konzeption eines Weltgottes, eines Höchsten Wesens im pantheistischen Sinne in der Ramessidenzeit als „Fortsetzung" von Gedanken Echnatons erklären: Aspekte der spätäg. Religion, hrsg. v. W. Westendorf, Göttinger Orientforschungen IV 9, 1979; S. 7 ff.
[13] mag. Papyrus Harris IV 1.

sich die Schöpfung, und der unbegrenzten Zahl der Geschöpfe und der erlebbaren und erlebten Situationen entspricht die unbegrenzte Zahl der Götter. Wir haben oben (S. 11) die Geburt eines neuen Gottes, des „Retters" (Sched) kurz betrachtet. Die Welt der Ägypter war nicht in monistischem Sinne verkürzt, und sie war nicht harmonisch – das feindliche Brüderpaar Horus/Seth steht für die immanente Antinomie (s. S. 58 ff.). Nur auf diese Weise konnte die Religion auch den dunklen Seiten des Lebens, dem Leiden, der Feindschaft, dem Tode gerecht werden. Die ägyptischen Götter sind in erster Linie Macht, und zwar wertneutrale Macht; sie können helfen oder vernichten, gnädig sein oder bedrohlich und zerstörend. Gott war nicht einfach „lieb". Freilich ist auch die Liebe Gottes zu seiner Schöpfung, zu seinen Geschöpfen ein unaufgebbarer Teil seines Wesens, und oft genug erhält er, besonders im Neuen Reich, das Prädikat „die Menschen liebend"; doch täuscht diese hymnische Prädikation nicht darüber hinweg, daß die zürnende, gefährliche Seite der Gottheit ebenso erfahren wurde.

Hymnen setzen den Akzent auf die den Menschen erwünschten Seiten und erwähnen die gefürchteten nur nebenbei, ist es doch ein psychologisch wirksames Mittel, die Eigenschaften eines Partners, die man hervorlocken möchte, als die seinen zu preisen. Immerhin werden auch die bedrohlichen Seiten der Gottheit oft genug erwähnt, und dies, um seiner Macht und der Fülle seiner Möglichkeiten zu huldigen. Bezeichnend etwa, daß in einem Hymnus an den Nil, der nicht müde wird, die Wohltaten dieses Lebensstromes für Ägypten und seine Bewohner von allen Seiten zu beleuchten, auch die Zwielichtigkeiten des Flusses genannt werden: Er kann träge sein, also die für die Befeuchtung nötige Höhe nicht erreichen, er kann aber auch durch zu hohes Steigen eine Überschwemmungskatastrophe hervorrufen[14]. Der Gesamttenor des Liedes ist freilich das Lob des Nils. Fehlt bei diesem Hymnus eine Begründung für die gelegentlich feindliche Haltung der Gottheit, so wird in anderen Zusammenhängen eine genannt. Hier mag für viele Texte einer der tiefsten und poetisch vollkommensten Schöpfungshymnen wiederge-

---

[14] W. Westendorf, in: GM 49, 1981, S. 77 ff.

geben sein, der in der Lehre für König Merikare (um 2100 v. Chr.) überliefert ist. Im Mittelpunkt der Aussagen steht die in der Schöpfungsordnung enthaltene Fürsorge Gottes für die Menschen, ohne daß aber seine besonders den Gegnern gefährliche Macht verschwiegen würde – und doch wird auch sie als Ausdruck der Liebe zu den gottergebenen Menschen gedeutet.

Die Ma'at, Gottes Ordnung der Welt, die den Menschen erst die Lebensmöglichkeit schafft, ist mit der Schöpfung auf die Erde niedergestiegen, doch sind die Menschen geneigt, sie immer wieder zu stören; es ist Aufgabe des Königs, sie stets neu zu verwirklichen und das Unrecht zu vertreiben. In diesem Sinne belehrt ein König seinen Sohn und Nachfolger[15]:

Wohl versorgt sind die Menschen, das Vieh Gottes (Gott ist der gute Hirte).
Er hat Himmel und Erde geschaffen um ihretwillen.
Er hat den Gierigen des Wassers vertrieben.
Er hat die Luft geschaffen, damit ihre Nasen leben.
Seine Abbilder sind sie, aus seinem Leibe entsprossen.
Er geht am Himmel auf um ihretwillen (als Sonne).
Er hat für sie die Pflanzen geschaffen,
Tiere, Fische und Vögel, um sie zu ernähren.
Er hat seine Widersacher getötet,
seine eigenen Kinder verringert,
weil sie planten, sich zu empören.
Er erschafft das Licht um ihretwillen
und fährt (am Himmel), um sie zu sehen.
Er hat sich eine Kapelle errichtet zu ihrem Schutz,
und wenn sie dort weinen, so hört er.
Er hat für sie Herrscher gebildet im Ei,
Machthaber, um den Rücken des Schwachen zu stützen.
Er hat für sie den Zauber geschaffen als Waffe,
dem Schlag des Unheils zu wehren,
über das Tag und Nacht gewacht wird.
Er hat die Aufrührer unter ihnen getötet,
wie ein Mann seinen Sohn züchtigt, dessen Bruder zuliebe.
Gott kennt jeden mit Namen.

---

[15] Aus der Lehre für König Merikare, n. H. Brunner, ATD, S. 72.

Gerade in den wirren und blutigen Zeiten der Ersten Zwischenzeit, nach dem Zusammenbruch der klaren Ordnung des Alten Reiches, stellten sich die großen und ewigen Fragen nach dem Sinn des
Bösen in der Welt und Gottes Gerechtigkeit mit großer Heftigkeit.
Eine Antwort darauf bietet dieser Hymnus, der die göttliche Fürsorge für die Menschen preist: Gabe von Lebensraum und Lebensmöglichkeit, Schutz der Menschen vor Feinden, vor Gegenkräften
in Natur und Menschenwelt, Sinn des Kultes (Gebetserhörungen)
und von Herrschaftsstrukturen (Schutz des Schwachen vor dem
Starken, also vor Selbstjustiz und Gewalttaten), und dann das große
Lied der Liebe Gottes zu jedem Menschen, selbst zu den Verbre-
chern. Ein anderer Text gibt Antwort auch auf das uralte und ewige
Problem des Übels in der Welt: Die Menschen, heißt es dort, haben
die Schöpfungsordnung verdorben [16]. Atheismus, also Leugnung
der Existenz Gottes, gibt es nicht, wohl aber Skepsis gegenüber dem
traditionellen Jenseitsbild (S. 146f.).

Im Laufe der 3000 Jahre ägyptischer Religion werden die Akzente
immer wieder verschoben. Der Sonnengott wird in der älteren Zeit
vorwiegend als Schöpfer der Welt und Erhalter der von ihm gestifteten Ordnung im Pflanzen-, Tier- und Menschenreich verehrt, während in jüngerer Zeit sein Lauf über den Himmel und durch die
Unterwelt im Mittelpunkt religiöser Aufmerksamkeit steht. Es ist
reizvoll zu beobachten, wie der Gott im Laufe seines Weges über
den Himmel und durch die Unterwelt sich wandelt, seinen Namen
und seine Begleitgötter wechselt, mit welcher Gedankentiefe die
Ägypter die einzelnen Phasen dieses für das Leben so entschei-
denden Vorgangs ergründen und in Worten und weitgehend auch in
Bildern zeichnen.

In der Ramessidenzeit wird die dem einzelnen zugewandte Seite
der Gottheit (jetzt ist es meist Amun-Re, also Amun in seinem Son-
nenaspekt) verehrt, jener Gott, der sich um die Nöte jedes einzelnen
Menschen kümmert, der Gott der „Persönlichen Frömmigkeit".
Nach der gleich zu besprechenden Amarnazeit ist es der Unter-
weltsgott Osiris als Garant eines Lebens nach dem Sterben, der mehr

---

[16] ATD S. 34f., Nr. 4.

und mehr in die Mitte der Religion rückt. Immer aber werden auch die früheren Stufen und Aspekte der Religion neu gedeutet und weiter tradiert, nie handelt es sich um Eliminierung oder gar Verfolgung. Stets ist sich der Ägypter bewußt, daß die Welt vielfältig ist, und daß dieser Mannigfaltigkeit der Natur wie des gesellschaftlichen Lebens, daß auch der Vielzahl der Erlebnisse eines jeden Menschen eine Vielzahl von Göttern entspricht. Hier ist nun ein nicht auf Ägypten beschränktes, aber dort besonders ausgeprägtes Phänomen einzuführen. Immer wieder lesen wir in Hymnen und Gebeten, daß der angerufene Gott „der Einzige" genannt wird. Oft können, ja müssen wir dem Zusammenhang entnehmen, daß nicht einzig im Sinne von „neben dem es keinen anderen gibt" zu verstehen ist, daß vielmehr der Beter ausdrücken will, daß ihm kein anderer Gott gleicht, daß also „einzigartig" gemeint ist – das ägyptische Wort umfaßt beide Bedeutungen. Aber auch die Bedeutung „einzig", im Sinne der Ausschließlichkeit, liegt häufig vor, und keine Bezeichnung drückt die isolierte Spitzenstellung eines Gottes besser aus, als wenn er „König", „König der Könige" oder „König der Götter" genannt wird – und solche oder ähnliche Formulierungen finden sich bei mehreren Göttern. Diese Erscheinung erklärt sich so, daß der Beter oder der Verfasser der Hymnen sich in diesem Augenblick ausschließlich dem einen Gott zuwendet, und zwar mit solcher Intensität, daß für ihn alle anderen Götter im Schatten verschwinden, er sieht nur noch diesen, der für ihn in diesem Augenblick der einzige ist. Unter anderen Umständen kommen auch die anderen dann wieder in seinen Blick, und er kann einen anderen Gott den „Einzigen" nennen. Seit langem ist diese vorübergehend ausschließliche Verehrung eines Gottes der Religionsgeschichte als „Henotheismus" oder „Monolatrie" bekannt.

Vom Monotheismus, dem wir uns nunmehr zuwenden, trennt diese temporäre Zuwendung freilich mehr als eben diese zeitliche Begrenzung. Vor allem ist es das Bewußtsein des Frommen, daß die anderen Götter eben doch existieren, auch wenn er sie vorübergehend aus den Augen läßt; dieses Wissen, das wohl in einer tieferen Bewußtseinsschicht verborgen ruht, läßt ihn duldsam sein gegen die Verehrung anderer Götter durch andere Menschen.

Die ägyptische Religion kennt in ihrer klassischen Zeit nur in den 17 Jahren der Regierung Echnatons eifernden Kampf. Ein Ringen der Götter um die Vorherrschaft, wie es in Vorderasien in blutigen Mythen so reichen Niederschlag gefunden hat, ist den im Grunde friedlichen Ägyptern unbekannt. Weder berichten Mythen von Götterkämpfen (von dem Sonderfall Horus gegen Seth, dem eine besondere Rolle im Weltverständnis zukommt, abgesehen, s. S. 58 f.), noch rivalisieren Tempel und Priesterschaften, außer in einer desintegrierten Spätzeit. In fast allen größeren Heiligtümern werden Götter des Landes in Nebenkulten verehrt – Amuns Tempel in Karnak z. B. beherbergt in seiner Umwallung Heiligtümer nicht nur für Mut und Chons, die zu Amuns Familie zählen, sondern auch für Ptah, Re-Harachte, Osiris, Month und die Nilpferdgöttin Opet. Die Wurzel dieser „Toleranz" liegt, wie wir sahen, in der für den Ägypter essentiellen Mannigfaltigkeit der Schöpfung. Der unendlichen Vielfalt der Lebewesen und der Phänomene entspricht die unendliche Vielfalt der Götter, und jeden Augenblick können deren neue in Erscheinung treten.

Der Monotheismus Echnatons

Diese Grundlagen ägyptischer Religion werden durch Echnaton zerstört. Sein Glaube ist nicht eine konsequente Fortführung etwa des Henotheismus, sondern etwas grundsätzlich anderes, ein echter Monotheismus. Während der henotheistische Beter in einer wohl gar nicht tiefliegenden Schicht seines Bewußtseins um die Existenz anderer Götter weiß, so sehr er sich in diesem Augenblick nur dem einen zuwendet, so leugnet Echnaton radikal die Existenz aller anderen Götter außer dem seinen. Duldsamkeit wird durch Intoleranz abgelöst, die Vielfalt durch die Einheit, die Einheit Gottes und die Einheit des Mittlers, denn nur noch der König hat Zugang zu Gott. Sehen wir zu, was damals geschehen ist.

Der einzige Sohn Amenophis' III. und damit unbestrittener Thronfolger kam gegen 1390 zur Welt und erhielt den im Königshaus traditionellen Namen Amenophis. Als vierter dieses Namens bestieg er entweder nach dem Tode seines Vaters oder als Mitregent in dessen letzten, von Krankheit gezeichneten Jahren den Thron. Vorher hatte er Nofretete geheiratet, eine Frau noch unbekannter Herkunft. Gleich nach seiner Krönung beginnt er mit einer ungewöhnlichen Religionspolitik: Er bevorzugt einseitig die Sonnenkulte, vernachlässigt den damals zentralen Gott Amun und baut, offenbar als Provokation, östlich an die Umfassungsmauer des großen Amuntempels von Karnak angelehnt, ein Heiligtum für einen zwar nicht unbekannten, aber kaum unter diesem Namen verehrten Sonnengott, den Aton; bald folgen weitere Tempelbauten in Theben. Rasch danach wird der Amuntempel, mit dessen Priesterschaft es zu schweren Zerwürfnissen gekommen war, geschlossen.

Im vierten Regierungsjahr beschließt der König, Theben als Residenz aufzugeben und an einen neuen Ort in Mittelägypten zu ziehen, einen Ort, der „keinem Gott und keiner Göttin, weder einem Herrscher noch einer Herrscherin gehörte, an den kein Mensch Eigentumsrechte geltend machen kann" – die heute Tell el-Amarna genannte fruchtbare Ebene in Mittelägypten. Dort wurde in aller Hast eine neue Hauptstadt erbaut, mit Tempeln und Palästen sowie Regierungsgebäuden, aber auch mit Wohnvierteln für die verschiedenen Stände. Die ganze Stadt war dem Aton geweiht.

Dieser Gott erhielt einen sonderbaren Namen, der sich schon dadurch von dem aller früheren Götter abhob, daß seine Schriftzeichen in zwei Königsringen stehen. Eine Übersetzung dieser Frühform des Gottesnamens lautet etwa – in vielen Einzelheiten bleibt uns die Theologie Echnatons immer noch verschlossen: „Es lebt Re-Harachte, der im Horizont jubelt, in seinem Namen Schu, der die Sonne ist"; dabei ist mit „Horizont" die Stelle gemeint, an der die Sonne morgens über dem Ostgebirge erscheint, ja es ist möglich, daß konkret Amarna anvisiert ist, das den ägyptischen Namen Achet-Aton, „Horizont des Aton", trägt. Schu ist zwar ein alter Gott aus der Neunheit von Heliopolis (o. S. 29), dürfte aber in Echnatons Glaubenslehre vor allem Licht bedeuten, das ja den Raum zwischen Himmel und Erde füllt. An die Stelle eines Gottes ist eine physische Erscheinung getreten, unter Beibehalten des Namens. Licht ist offenbar, auch in Gestalt eines Strahles (Ach), eine der zentralen Manifestationen von Echnatons Gott.

Dessen Name Aton ist ebenfalls, wie Schu, aus dem früheren religiösen Sprachschatz übernommen – es ist eines der zahlreichen Wörter für „Sonne". In Amarna wird es ohne Beiwort nur wie eine abgekürzte Form in Eigennamen verwendet, sonst steht in Texten „die große lebende Sonne" oder gar der feierliche lange Name, den wir soeben in seiner Frühform kennengelernt haben [17].

Seinen Geburtsnamen änderte der König von Amenophis („Amun ist gnädig") in Echnaton, was vielleicht „Strahl des Aton" heißt. Daß der Gott die Menschen, vor allem aber den König, mit seinen Strahlen geschaffen hat und jeden Morgen neu schafft, werden die Texte nicht müde zu betonen. Selbst wenn wir alles erhalten hätten und verstünden, was Echnaton von seinem Gott und von sich selbst gelehrt hat – wir könnten es hier nicht ausbreiten. Er entfaltet seine Gedanken weiter, ändert den Namen seines Gottes nochmals, so daß er dann etwa heißt: „Es lebt der Horizontische Herrscher, der im Horizont jubelt, in seinem Namen als Re der Vater, der als Sonne (Aton) wiedergekommen ist." Weder ist die Übersetzung unumstritten, noch verstehen wir genau, was der König damit über seinen Gott aussagen will. Die beiden „alten" Götter, Harachte und Schu, sind jetzt eliminiert; der letzte Satz scheint eine Identifizierung des alten Gottes, den man früher als Vater Re bezeichnen konnte, mit dem Aton vorzunehmen, der erst jetzt erschienen ist.

Von einem Lauf der Sonne von Aufgang bis Untergang – früher und nach Amarna eines der Hauptthemen der Sonnenhymnen –, währenddessen der Gott alle seine Eigenschaften zum Wohle der Welt entfalten konnte, ist nicht mehr die Rede, noch weniger von einer Verwandlung des Gottes während der täglichen Fahrt.

Wird schon der Sonnengott in solcher Weise reduziert – er ist Urheber allen Seins und Lebens, aber Vater nur noch des Königs –, wieviel mehr fallen in der Religion von Amarna alle Mythen fort. Weder vom Aton noch vom König werden Mythen, also Götterge-

---

[17] Dazu und allgemein zur Theologie von Amarna: J. Assmann, Die „Häresie" des Echnaton, in: Saeculum 23, 1972, S. 109–126.

schichten erzählt. Reste, die sich im Anfang der Regierungszeit Amenophis' IV. noch in die Texte geschlichen haben, wie „das Erste Mal" (scil. des Sonnenaufgangs, gemeint ist die Zeit der Schöpfung) oder gar noch ein Grab für den heiligen Mnevis-Stier, werden bald eliminiert, die Lehre wird gereinigt. Dagegen bleibt der Preis der Mannigfaltigkeit der Geschöpfe und ihrer Lebensweisen unverändert erhalten; lange Passagen aus den Sonnenhymnen früherer Zeit werden wörtlich in den großen Sonnengesang Echnatons übernommen, doch wird jetzt sehr stark die Einheit des Göttlichen betont, als Ursache der Welt ebenso wie als ihr Erhalter[18].

Ein Auszug des Hymnus möge hier folgen:

Der den Samen sich entwickeln läßt in den Frauen,
der Flüssigkeit zu Menschen macht;
der das Kind am Leben erhält im Leibe seiner Mutter,
der es beruhigt, so daß es nicht mehr weint,
du Amme im Mutterleib.
Der Atem gibt, um jedes, das er geschaffen hat,
am Leben zu erhalten.
Steigt es herab aus dem Leibe,
um zu atmen am Tage seiner Geburt,
so öffnest du seinen Mund vollends zum Sprechen
und schaffst seinen Unterhalt.
Das Küken im Ei, das schon in der Schale spricht,
dem gibst du Luft in seinem Inneren,
es am Leben zu erhalten.
Du hast ihm seine Kraft gegeben, das Ei zu zerbrechen.
Es kommt hervor aus ihm, um mit voller Kraft zu sprechen,
und läuft auf seinen Füßen, sobald es hervorgekommen ist.

Wie mannigfaltig sind doch deine Werke!
Sie sind verborgen vor dem Gesicht der Menschen,
du einziger Gott, außer dem es keinen gibt!
Du hast die Erde geschaffen nach deinem Herzen,
du ganz allein, mit Menschen, Herden und allem Getier,

---

[18] Übersetzung des Großen Hymnus, den ohne Zweifel Echnaton selbst gedichtet hat: ATD S. 43, ÄHG Nr. 92.

was immer auf der Erde auf Füßen geht,
was immer in der Höhe ist und mit Flügeln fliegt,
die Fremdländer Syrien und Nubien und das Land Ägypten.
Du setzt jedermann an seine Stelle und sorgst für seine Bedürfnisse.
Ein jeder hat sein Essen, berechnet ist seine Lebenszeit.
Getrennt sind ihre Zungen beim Sprechen,
ebenso ihre Wesensart,
auch ihre Hautfarbe ist verschieden:
du unterschiedest die Völker.

Du schaffst den Nil in der Unterwelt und holst ihn herauf
   nach deinem Belieben,
um das Ägyptervolk am Leben zu erhalten,
so wie du sie geschaffen hast, du, ihrer aller Herr,
der sich abmüht mit ihnen,
du Herr des ganzen Landes, der du für sie aufgehst,
du Aton des Tages, groß an Ansehn.
Aber auch die Gebirgsländer in der Ferne,
du machst, daß sie leben können,
denn du hast einen Nil an den Himmel gegeben,
und er steigt für sie herab (Regen);
er schafft Wasserfluten auf den Bergen wie ein Meer,
ihre Felder zu befeuchten bei ihren Siedlungen.
Wie wohltätig sind doch deine Pläne, du Herr der Ewigkeit!
Der Nil am Himmel, er ist für die Ausländer da und für alles Wild der Wüste,
   das auf Füßen läuft.
Der (eigentliche) Nil aber, der kommt aus der Unterwelt für Ägypten.

Dieser Gott ist dem einzelnen Menschen und seinen Sorgen und
Nöten fern. Er ist Schöpfer und Erhalter der Welt in einem höchst
allgemeinen Sinne. Wir hören nichts von einer Zuwendung des Aton
zu dem einzelnen Ägypter (Echnaton und seine Familie ausgenom-
men), weder von einer Gebetserhörung noch von einer persönlichen
Führung. In diese Lücke tritt vielmehr der König, von dem es heißt,
daß er die Menschen „baut" (ein sonst von Gott gebrauchter Ausdruck), daß er denen wohltut, die ihm folgen, die auf seine Lehre hören und vieles andere, alles Formeln, die in klassischer Zeit die Beziehungen Gottes zu den einzelnen Menschen beschrieben haben
(s. u. Kap. V).

In ihrem materiellen Niederschlag in Texten und Bildern bietet die neue Religion Echnatons einen Anblick, der die Ägypter seiner Zeit zutiefst erschrecken mußte: Die Sprache der Texte ist nicht mehr die klassische, sondern die Umgangssprache, die bis dahin nur ausnahmsweise einmal schriftfähig war; die Statuen des Königs widersprechen ebenso wie die Bildnisse seiner Familie allem, was bis dahin als Norm galt, so weit auch die Variationen reichen: Was man jetzt als Königsbildnisse sah, waren eher Karikaturen als Herrscherbildnisse oder Abbilder eines Gottessohnes. Selbst bei den Tempeln gab es Unerhörtes zu sehen: kein Gottesbild, kein Naos, kaum Ritualszenen auf den Wänden, vielmehr allenthalben Bilder der königlichen Familie beim Opfer (Königskinder nahmen in klassischer Zeit nicht am Gottesdienst teil, jetzt aber werden die Töchter, auch als sehr kleine Kinder, dargestellt) und bunte Szenen aus dem Alltagsleben der Stadt, als Preis des alles erhaltenden Gottes gedacht. Dann eine Unzahl kleiner Opferaltäre in offenen Höfen, bei deren Gaben der Gott unmittelbar zugreifen konnte. Sie waren durch Tore ohne Türsturz zu erreichen, so daß der König, wenn er zur täglichen Anbetung seines Vaters schritt, auch nicht durch den Schatten eines Balkens von seinem Gott getrennt war.

Die größte und erregendste, auch anstößigste Neuerung aber war die Verfolgung der anderen Götter und die neuartige Stellung Echnatons. Die Namen aller Götter der alten Zeit wurden getilgt. Es müssen wahre Bataillone von Steinmetzen gewesen sein, die im Auftrag des Königs auszogen, sämtliche Tempel, aber auch Friedhöfe, ja sogar die Archive genau zu durchmustern und alle Erwähnungen und Darstellungen des Amun, weniger konsequent auch die anderer Götter, zu tilgen. Tempel wie die von Karnak oder Luxor müssen nach Abzug dieser Zerstörer fürchterlich ausgesehen haben, nachdem keine Wand, ja nicht einmal die Spitze eines Obelisken unversehrt geblieben war. Die Gründlichkeit dieser Vernichtungskampagne geht so weit, daß wir heute mit allergrößter Wahrscheinlichkeit ein Denkmal, auf dem der Name des Amun nicht zerstört ist, in die Zeit nach Amarna datieren können! Dabei handelt es sich aber weniger um eine Tilgung in der Erinnerung der Menschen, sondern vor allem um eine Existenzvernichtung, denn der Name ist ein wesentlicher Bestandteil eines jeden Gottes und eines jeden Menschen, und mit ihm kann eine Existenz gelöscht werden. Ein solcher religiöser Eifer ist dem Wesen der ägyptischen Religion wie dem Charakter der Ägypter fremd, die neue Lehre und ihre Auswirkungen muß die Zeitgenossen aufs äußerste schockiert haben.

Zum anderen ist es die Funktion des Königs, die der jahrhundertealten Tradition widerspricht. Echnaton ist nicht nur „der Einzige, der den Aton kennt", er ist auch Schöpfergott der Menschen, Schicksalsgott, Lebensspender, Stifter der Ma'at[19]. Der König ist eine Art Ergänzung zu Gott, insofern die Schaffung der Natur und die allgemeine Sorge für sie zwar dem Gott anvertraut ist, die Sorge für den Einzelmenschen und sein Geschick dagegen dem König; die Ethik ist damit in die Sphäre der Loyalität zum König verwiesen. Wirtschaftlich-soziale Fürsorge ist keineswegs von der religiösen getrennt, so daß ein Untertan den König besingen kann: „Du Nil, durch dessen Gebot man reich wird, du Fülle und Nahrung Ägyptens! Du guter Herrscher, der mich gebaut und gemacht hat, der mich (etwas) werden ließ und mich unter die Fürsten gesellte, du Licht, von dessen Anblick ich lebe, du Ka (hier ganz materiell: Lebensunterhalt. Alle Nahrungsmittel kommen, wie früher von Gott, so jetzt vom König; zum Ka s. u. S. 139) eines jeden Tages" – solche Töne sucht man in den servilsten höfischen Phrasen der klassischen Zeit vergebens.

Wenn wir die Frage aufwerfen, woher Echnaton seine „Kenntnisse" über seinen Gott hat, was ihn also berechtigt, Neues, jeder Tradition Widersprechendes zu lehren, so fällt die Antwort nicht leicht. Eine Offenbarung des Aton in dem Sinne, daß er dem König etwas über sich selbst mitgeteilt hätte, wird nirgends erwähnt und kann wohl ausgeschlossen werden – ist doch eine solche Selbstoffenbarung einer Gottheit in Ägypten höchst selten[20] und wäre vermutlich, wenn sie Echnaton widerfahren wäre, nicht verschwiegen worden. In der klassischen Zeit kann ein Gott sich durchaus einem König zeigen und ihm Bitten vortragen, etwa daß er ein Bild (Sphinx)

---

[19] J. Assmann, in: Studien zur altäg. Kultur 8, 1980, S. 1 ff.
[20] S. LÄ I, Sp. 425 ff.

vom Sande befreien solle, oder er kann ihm Verborgenes kundtun, etwa eine Quelle oder einen Brunnen. Auch kann er ihm Weisungen erteilen. Doch sind solche Theophanien keine Offenbarungen, die etwas über das bis dahin unbekannte Wesen des Gottes aussagen[21]. So müssen wir annehmen, daß Echnaton das Wesen seines Gottes auf dieselbe Weise erkannt hat, wie von jeher die Ägypter die Götter erfahren: Man begegnet ihnen in der Welt und ihrem Ablauf, zu denen auch Orakel und Träume gehören. Dann aber beruht die neue Religion nicht auf einer neuen Offenbarung, sondern auf einer neuen Interpretation, eben durch den König. Echnaton erklärt nur, niemand kenne den Aton außer ihm, seinem Sohn, was bedeutet, daß er der einzige bevollmächtigte Interpret ist. Damit müssen wir uns wohl begnügen.

Die Lehre Echnatons bedeutet eine starke Einengung: statt einer grundsätzlich unendlichen Fülle von Numina soll die Verehrung auf eine einzige Gottheit eingeschränkt werden, und zwar durch gewaltsame Schließung aller anderen Tempel und Vertilgung aller anderen Götter. Dem Aton selbst werden nur wenige Tempel im ganzen Lande gebaut, weite Teile Ägyptens waren religiös nicht versorgt. Eine weitere Einengung bestand darin, daß Echnaton zu der Hauptsorge der Menschen, besonders der Ägypter, zu Tod und Jenseits, zur Regeneration des Lebens nichts oder fast nichts zu sagen hatte. Und schließlich wurde die klassische und bewährte Trennung zwischen dem sakralen Königtum und dem Menschen, der das Amt jeweils innehatte, aufgegeben: Die neue Königstheologie stellte Echnaton in einer Weise in den Mittelpunkt des religiösen Lebens und damit des Lebens in Ägypten überhaupt, wie es bis dahin keinem Menschen zugekommen war, er übernahm viele Funktionen, die bis dahin Gott gehört hatten. Auf den Hausaltären, die in Häusern seiner höheren Beamten der Andacht galten, steht eine Bildplatte, die Echnaton mit seiner Familie, also mit Nofretete und den Töchtern des Paares zeigt, zwar unter dem sichtbaren Segen des Aton, der über der Szene schwebt und den königlichen Personen Leben spen-

---

[21] S. Morenz, Gott und Mensch, S. 28; M. Görg, Gott-König-Reden in Israel und Ägypten, 1975, S. 267 mit Anm. 325.

det, aber bei sehr weltlichem Tun, vor allem beim Spiel mit den Kindern, wobei sich beispielsweise eine der Töchter nicht scheute, nach der goldenen Uräusschlange an der Schläfe der Mutter, einem Teil des Ornates, zu greifen – das wird in einem Andachtsbild dargestellt!

Wenn wir dazu noch darauf hinweisen, daß das Land während der Regierungszeit des Königs wirtschaftlich allein dadurch in Not kam, daß die Tempel als Träger von Produktion und Verteilung ausfielen, nachdem sie vorher eine entscheidende Rolle im ökonomischen und sozialen Netz gespielt hatten, ohne daß jetzt so schnell eine andere Organisation geschaffen werden konnte, so fragen wir uns, wie das ägyptische Volk auf diese Zumutungen reagierte.

Ob Echnaton in seinem 17. Regierungsjahr eines natürlichen Todes starb, wissen wir nicht – er ist jedenfalls nicht in dem für ihn vorbereiteten Grab in Amarna beigesetzt worden, sowenig wie Nofretete, von deren Ende wir ebenfalls nichts wissen. Anspielungen auf diese Aton-Episode, auf diese Jahre eines echten Monotheismus, sind uns nur spärlich überliefert[22]. Ein unzweideutiges Urteil der Ägypter über den Versuch Echnatons, die ägyptische Religion monotheistisch umzugestalten, lesen wir in dem langen Edikt, mit dem Tut-anch-Amun, der erste wieder ganz zur Orthodoxie zurückkehrende König und Schwiegersohn Echnatons, die alten Kulte wieder in ihre Rechte einsetzt. Dort findet der Rückblick auf die Ketzerzeit folgende Schilderung: „Als Seine Majestät (scil. Tut-anch-Amun) als König erschien, da waren die Tempel der Götter und der Göttinnen von Elephantine bis zu den Sümpfen des Deltas... im Begriff, vergessen zu werden, ihre Heiligtümer fingen an zu vergehen, indem sie Schutthügel geworden waren, mit Unkraut bewachsen, und ihre Kultbildräume waren, als wären sie nie gewesen, ihre Hallen ein Fußweg. So machte das Land eine Krankheit durch, und die Götter wandten diesem Land den Rücken. Wenn man Soldaten nach Syrien schickte, die Grenzen Ägyptens zu erweitern (s. S. 67f.), so hatten sie keinerlei Erfolg. Wenn jemand einen Gott anflehte, etwas von ihm zu erbitten, so kam er gar nicht. Wenn man ebenso eine Göttin an-

---

[22] ÄHG Nr. 147 mag ein noch aus der Verfolgungszeit stammendes, also „illegales" Amun-Lied sein.

ging, so kam auch sie gar nicht. Ihre Herzen waren schwach geworden in ihren Gestalten, und sie zerstörten das Geschaffene."

So also wirkte sich die Abschaffung des Gottesdienstes in ägyptischer Sicht aus: Die Herzen der Götter werden „schwach", weil der Opferdienst ihnen keine Kraft mehr zuführt, die Götter verlassen das Land, d. h., sie sind nicht mehr in ihren Tempeln ansprechbar, und die weitere Folge ist, daß weder politische Handlungen (Feldzüge gemäß dem Weltritual) noch persönliche Gebete Erfolg haben. Das Land war „wie bei einer Krankheit". Nachdem die ägyptische Religion nach ihrer Rückkehr zu angestammten Gedanken und Formen des Weltbildes und der Gottesverehrung keine Spur der Gedanken Echnatons aufgenommen hat – es sei denn in Form einer Reaktion, etwa einer Betonung des Osiris-Kultes –, werden wir wohl diese rein negative Beurteilung des Tuns Echnatons als das allgemeine Urteil betrachten dürfen.

Das ägyptische Gottesbild hat sich im Laufe der Geschichte gewandelt. Im 3. Jahrtausend wird, soweit die spärlichen Quellen ein Urteil erlauben, Gott vor allem als Macht erfahren, zwar nicht unansprechbar, aber als schwer erreichbare, jenseitige Autorität. Er hat seiner Schöpfung eine feste Ordnung gegeben, die der König als Horus (s. u. S. 72) garantiert und über die er wacht. Jeder Verstoß gegen diese Ma'at führt zum Scheitern. Eine soziale Revolution, deren Wurzeln hier nicht dargestellt werden können, bereitet diesem imponierenden Gebäude ein Ende, und im Mittleren Reich treten die sozialen Züge auch der Gottheit stärker hervor. Der König hatte von jeher unter anderen auch soziale Aufgaben, und nun werden die entsprechenden Vokabeln auf Götter übertragen. Gott ist jetzt eine Macht, die sich um den Schwachen und Hilflosen kümmert. In der frühen 18. Dynastie tritt dieser Zug, der besonders bei Amun ausgeprägt war, zurück zugunsten eines Beistandes für Pharao (der den ägyptischen Staat verkörpert!): Gott schützt und begünstigt den König, verleiht ihm Sieg und Weltherrschaft.

In der Zeit kurz vor und nach Amarna tritt ergänzend etwas Neues auf: Jeder einzelne erlebt die Gottheit als eine Kraft, die Gedemütigte erhebt, Kranke und Gefangene heilt und befreit; Zeugnisse dazu werden im V. Abschnitt gegeben. Der Weg geht weiter, nicht ohne umzubiegen: In der Spätzeit, deren Behandlung in diesem Rahmen notwendig verkürzt werden muß, erscheint Gott selbst schutzbedürftig. Rituale und Amulette, Tempelreliefs und Weihrauch haben Feinde vom Gotte fernzuhalten, ja man gewinnt den Eindruck, daß Gott verloren wäre, falls aus irgendeinem Grunde der Tempeldienst aufhörte und mit Gott freilich die ägyptische Welt.

Nun bedarf diese Skizze einiger Modifikation. Vor allem sei betont, daß es sich bei den Wandlungen nie um Brüche handelt, daß Vorstellungen aus früherer Zeit nicht verschwinden, daß solche, die später stark betont werden, oft auch schon in früheren Perioden vorhanden sind. Zu allen Zeiten, von der Frühzeit an, haben Eltern ihre Kinder von der Gottheit erbeten und tun das noch unter römischen Kaisern. Zu allen Zeiten ist Gott als Macht empfunden worden, der man zu allen Zeiten mit einem Kult gedient hat, und zu allen Zeiten hatte dieser Kult auch den Zweck, feindliche Kräfte vom Gottesbild fernzuhalten. Was wir oben „Wandlung" genannt haben, sind nur Akzentverschiebungen. Die Gottheit, „der Gott", bietet den Ägyptern viele Aspekte, und die eine Zeit hebt diesen, die andere jenen stärker hervor, sie läßt andere zurücktreten, ohne sie aber aufzugeben. Nur Echnaton unterdrückt tatsächlich Entscheidendes am überkommenen Gottesbild und verabsolutiert anderes.

Eine weitere Modifikation betrifft die Frage der Berechenbarkeit Gottes. Der Gott des Alten Reiches ist kein Tyrann, der seinen Launen freien Lauf läßt und vor dem der Mensch nur zittern kann. Im Gegenteil, das von der Gottheit gewährte Schicksal ist weitgehend berechenbar für die, die Gottes Willen aus den Läuften der Welt erschließen, für die Verfasser der Lebenslehren und ihre Schüler. Wenn Gott seinen Willen auch nicht in Form von Gesetzen oder Geboten offenbart hat (eine Offenbarung kennen die Ägypter nicht, es sei denn, man wolle den aus dem Menschenschicksal und dem Lauf der Welt abgelesenen Willen des Schöpfers so nennen), so hat er doch nach der Auffassung der älteren Zeit der Welt, der Natur, der Gesellschaft wie dem einzelnen Leben eine Ordnung gegeben, und wer diese Ordnung anerkennt, sich ihr fügt, wird auf Erden Erfolg haben, wer sich dagegen widersetzt, wird scheitern. Den ersten nennen die Ägypter „gut" und „gerecht", den zweiten „dumm" oder „böse". So wird das Verhalten der Gottheit von den Lebenslehrern durchsichtig gemacht.

Erst im späteren Neuen Reich wird die theologische Konsequenz aus der Erkenntnis gezogen, daß es so im Leben nun doch nicht zugeht, daß oft genug der Böse vollen Erfolg hat, ein langes glückliches Leben führt, während der Fromme, der sich Gottes Willen ganz unterwirft, elend zugrunde gehen kann. Nur auf den Ausgleich im Jenseits zu hoffen, scheint den Ägyptern des späten Neuen Reiches kaum mehr ausreichend und befriedigend, Zweifel an diesem Jenseits tauchen auf (s. u. S. 146). Gott, der sich nach älterer Anschauung an seine eigene Ordnung gebunden hatte, wird jetzt als frei erlebt, als einer, der sich eben nicht an diese den Menschen nach wie vor gegebene Ordnung bindet. Die Lebenslehre des Amenemope gibt dieser Vorstellung präzisen Ausdruck (s. u. S. 116). Die Unberechenbarkeit Gottes steht also in umgekehrtem Verhältnis zu seiner Furchtbarkeit: Je gnädiger, je sittlicher Gott erlebt wird, desto unberechenbarer erscheint er. Daß hier das im Neuen Reich erst wirklich greifbare Sündenbewußtsein hineinspielt, liegt auf der Hand. Dazu sei auf das fünfte Kapitel verwiesen.

II. MYTHEN

Ägypten ist an Mythen reich gewesen, doch sind nur wenige so vollständig erhalten, daß man sie nacherzählen kann; von den meisten wissen wir nur durch Bruchstücke oder Anspielungen. Der Grund ist der, daß diese Göttergeschichten mündlich umliefen und im allgemeinen nicht als aufzeichnungsbedürftig galten. Nur selten rechneten sie zum Schulpensum, das durch Schülerhandschriften recht gut bekannt ist. Ein Bedürfnis nach Aufzeichnung und somit genauer schriftlicher Fixierung bestand nur bei Texten, bei denen es auf den genauen Wortlaut ankam, um sie wirksam werden zu lassen, also bei Ritualen jeder Art (einschließlich Zaubersprüchen), nicht aber bei mythischen Erzählungen, deren Inhalt, wie bei Märchen, in freier Sprache wiedergegeben werden kann. In Rituale wurden Mythen allenfalls in Form von Anspielungen aufgenommen. So sind sie nur ausnahmsweise vollständig bekannt. Erst die Spätzeit, die wohl um die Tradition zu fürchten hatte, schrieb Mythen auf Tempelwände, doch sind nur in Oberägypten einige dieser gesprächigen Hieroglyphen-Tresore erhalten, im Delta fehlen sie so gut wie ganz, und wir sind dankbar für einen Granit-Naos aus dem Ostdelta mit einem sonst unbekannten Mythos von der Thronfolge der Göttergenerationen.

Der Kult ist, wie wir sehen werden, primär Versorgung, später auch ein Schutz der Gottheit, und nur gelegentlich werden im täglichen Gottesdienst, eher schon an Festen Mythen in die Handlungen einbezogen, doch niemals scheint ein Mythos im Rahmen des Kultes ganz vorgetragen worden zu sein; nicht, weil es sich um Geheimwissen gehandelt hätte, sondern weil die Kenntnis der Göttergeschichten als selbstverständlich vorausgesetzt werden konnte, so daß Anspielungen, die den Ritus interpretierten, genügten – zu Schaden unseres Wissens. Hätte nicht der Grieche Plutarch den ganzen Gang des Osiris-Mythos, wie er ihn gehört hatte, in seinem Werk ›Über

Isis und Osiris‹ hinterlassen, so hätten wir von manchen Episoden falsche, von anderen gar keine Vorstellung. Ähnliche Quellen fehlen leider für andere Mythen.

Wir werden nur drei Mythen betrachten, die bedeutendsten, aufschlußreichsten und auch für die Ägypter wichtigsten, die von ihnen selbst am meisten zitierten: Die Weltschöpfung, die Vernichtung des Menschengeschlechts und den Mythenkreis um Osiris, Isis, Horus und Seth. Die Schöpfungsmythen und der Kranz um Osiris sind vielgestaltig und können in großen und vereinfachenden Zügen vorgestellt werden, während die „Vernichtung des Menschengeschlechts" in einer fortlaufenden und in sich stimmigen Erzählung vorliegt.

Die *Weltschöpfung* ist die Tat eines Urgottes, der verschiedene Namen tragen kann: Re, Atum, Amun, Ptah, aber auch andere. Niemals haben die Ägypter die Konzeption einer Schöpfung aus dem Nichts entworfen, vielmehr besteht die Schöpfung stets im Trennen, im Setzen von Grenzen; vor der Schöpfung gab es eine unbegrenzte, unendliche Materie, meist als Wasser gedacht, die den Namen Nun führt. Aus ihr wird, ganz ähnlich wie im ersten biblischen Schöpfungsbericht, das Feste, Trockene, aber auch der Himmelsraum ausgegrenzt. Der Zustand der Welt vor der Schöpfung, der stets nur negativ beschrieben werden kann („als... noch nicht war"), ist das „Nicht-Sein", ungeformt, ungegliedert, unbegrenzt, aber auch voller (nicht verwirklichter) Möglichkeiten. Nur durch Begrenzung können diese in das Sein treten, und eben das ist die Schöpfertat des Urgottes: Das Trockene wird aus dem Ursumpf ausgegrenzt, das Licht aus dem Dunkel, das Fruchtbare aus dem Unschöpferischen, konkret auch das Niltal aus der Wüste. So entsteht ein Lebensraum für Götter, Menschen, Tiere und Pflanzen, doch ist dieser Lebensraum bedrohlich umgeben von dem Urelement des Nun, des chaotischen Urwassers, oder auch der Wüste. In der Nacht, in der Wüste, im Meer haben die Menschen noch jetzt die Welt des Nichtseins um sich – gefährlich, insofern diese Bereiche lebensfeindlich sind, aber dennoch unentbehrlich, denn das Sein und alle seine Geschöpfe altern und verbrauchen sich, so daß sie der Erneuerung bedürfen, der Zufuhr frischer Lebenskräfte, und diese sind in den Bereichen außerhalb der Schöpfung zu suchen. Alljährlich schwindet im Sommer der Nil und bedarf neuer Wasserzufuhr, alltäglich ermüdet der Mensch und gewinnt neue Lebenskraft im Schlaf, indem er in den Nun eintaucht; die Nacht mit ihrer Dunkelheit ist die Quelle, aus der dem Schläfer neue Kräfte zuwachsen[1]. Wir ahnen schon hier, welche Rolle diese Vorstellungen für den ägyptischen Totenglauben spielen, dem wir uns in Kap. VI zuwenden werden.

Auch Raum und Zeit gehören als Grenzen und Begrenzbares der geschaffenen Welt an, und wenn der Schläfer in den Nun eintaucht, um dort seine verbrauchten Kräfte zu erneuern, so kommt er in eine Welt ohne Raum und Zeit und kann im Traum Fernes und Zukünftiges oder auch Vergangenes (etwa Verstorbene) sehen. Dabei aber lauern Gefahren der Vernichtung; dem Ägypter stellt sich die Verwandtschaft von Schlaf und Tod so dar, daß der Schlaf ein vorübergehender Besuch in jenem Bereich des Unseins ist, dem der Tod ganz angehört, ohne Wiederkehr – freilich mit der Möglichkeit, ja der bestimmten Hoffnung auf ein Weiterleben in anderer Form, wie genauer bei der Behandlung des Jenseitsglaubens ausgeführt wird. Aber auch beim Schlaf ist die Wiederkehr aus dem Nun stets gefährdet, er kann in Tod übergehen.

Das Unsein ist undifferenziert; die Differenzierung gehört zum Wesen der Schöpfung – daher das Lob des Schöpfers für die Vielfalt der Welt, von dem oben (S. 30f.) schon die Rede war.

Schöpfung besteht also darin, den Geschöpfen einen aus einer ungeteilten, einheitlichen, grenzenlosen und ungeformten Masse gewonnenen, nach außen begrenzten und nach innen reich gegliederten Lebensraum zu schaffen. Das Abgrenzen umfaßt nach ägyptischer Vorstellung nicht nur die Natur mit den Unterschieden von Fruchtland/Wüste, Tag/Nacht, die drei Bereiche Wasser, Erde, Luft als Raum für Mensch und Tier usw., sondern auch die sozial-politische Welt: Mann/Frau, Völker, Sprachen, Hautfarben, dann die Volksschichten, Berufe, arm und reich, und entsprechend auch die

---

[1] Ausführlich dazu E. Hornung, Verfall und Regeneration der Schöpfung, in: Eranos 1977, Jahrbuch Bd. 46, S. 411–449.

unterschiedlichen Götter, die der Priester nicht einander angleichen darf, weil das wider die Weltordnung wäre (s. S. 26). Während der Zustand vor der Schöpfung mit dem Satz „als noch nicht zwei Dinge entstanden waren" treffend gekennzeichnet wird, ist es eine der ersten Taten des Schöpfergottes, daß er „sich zu Millionen macht". Beim Schöpfergott, und nur bei ihm, hat die Einheit noch einen Platz, aber nur, um sich selbst sofort zu überwinden.

Hier setzen nun die konkreten Bilder der Schöpfungsmythen ein. Solche Erzählungen von der Schöpfung gab es viele, sicher mehr, als auf uns gekommen sind.

Keine von ihnen beansprucht, alleinige Wahrheit im Sinne eines Dogmas zu sein, denn das Ereignis der Schöpfung der Welt ist so bedeutend, daß es viele Versionen erlaubt, ohne daß es je erschöpft werden könnte. Man kann sich ihm auf vielfältige Weise nähern. So wird erzählt, der Urgott habe, als „großer Schnatterer" über dem Wasser schwebend, ein erstes Ei fallen lassen, aus dem die Welt, nach anderer Vorstellung der erste Gott entstanden sei. Dann wieder habe Ptah ein Ei auf der Töpferscheibe geformt, das dann „aus dem Nun" gekommen sei.

Vielfältig benützt wird das Erlebnis, daß beim Rückgang der alljährlichen Nilschwelle zunächst irgendwo eine flache Insel auftaucht. Demgemäß bildete sich bei der Weltschöpfung zunächst ein „Urhügel" im Nun, ein erstes festes Land, auf dem der vorher hilflos im Wasser treibende Gott (er wird in diesem Zusammenhang meist Atum genannt) Fuß fassen und sein Schöpfungswerk beginnen konnte. Auch daß er sich als Vogel auf einer Stange dieser Insel (die Stange wird die Keimzelle des ersten Tempels, s. u. S. 85) niederläßt, wird berichtet. Von Amun heißt es, er habe als Wind den Sand dieses ersten Landes zusammengeblasen.

Von der Schaffung der Menschen ist kaum je die Rede, dagegen wird das Entstehen der ihnen vorausgehenden Götter ausgestaltet; wir haben oben S. 29 die vier Göttergenerationen nach der vielleicht in Heliopolis – von dem heute nur noch nördlich von Kairo ein einsamer Obelisk steht – beheimateten Lehre kennengelernt. Da Osiris und Isis die Eltern des Horus sind (der selbst nicht mehr zu der Götterneunheit gehört) und da der jeweils lebende König selbst ein Horus ist (s. S. 56 f.), schließt die gegenwärtige Welt und ihre Ordnung an die Welt der Götter, an die Schöpfung an. Von der Erschaffung der Menschen wird nur in einem Wortspiel berichtet, nämlich daß sie aus den Tränen des Schöpfergottes hervorgegangen sind (die ägyptischen Wörter für „Tränen" und für „Menschen" klingen ähnlich), ohne daß naheliegende symbolische Erweiterungen dieser einfachen Aussage vorgenommen werden[2]. Während im Alten Testament in den Mythologemen über die Erschaffung der Menschen wesentliche theologische Aussagen stecken, spielt der Mensch in den altägyptischen Mythen kaum eine Rolle; für ägyptische Vorstellungen ist er nicht Mittelpunkt oder Gipfel der Schöpfung, sondern an wenig hervorgehobener Stelle lediglich in sie eingebettet.

Eine Variante dieser Version der Schöpfung verbindet sich mit dem Namen der mittelägyptischen Stadt Hermopolis.

Danach sind es vier Paare von Urgöttern, die die Sonne erschaffen. Über den Vorgang selbst wird nichts Genaueres berichtet, dagegen spielen „die Acht" eine gewisse Rolle, und ihre Namen sind aufschlußreich genug: Huh und Hauhet (jeweils folgt dem männlichen Gott sein weibliches Gegenstück, grammatisch das Femininum seines Namens) sind die Grenzenlosigkeit, Kuk und Kauket die Finsternis, besser Lichtlosigkeit, Nun und Naunet das unbegrenzte und unbegrenzbare, schon oben als fruchtbar, aber nicht schaffend charakterisierte Urwasser, und schließlich ein wenig greifbares Paar, Niu und Niaut, wohl am ehesten mit Verneinung übersetzbar oder einfach „das Nichts". Diese acht, die Welt vor der Schöpfung darstellenden Götter haben, und das unterscheidet sie von dem wirklichen Chaos, feste Gestalten, und zwar die von Wesen, die im Sumpf oder Wasser leben können: Die männlichen Urgötter sind Frösche, die weiblichen Schlangen.

Im Bilde verbindet sich gelegentlich mit dieser Vorstellung von den acht Urgöttern, daß sie das auf einer Lotosblüte aus dem Urmeer auftauchende Sonnenkind schaffen, damit aber ihre Aufgabe erfüllt haben und keine weitere Rolle spielen. Die Lotosblüte, die sich des

[2] Doch vgl. Hornung, EuV, S. 141 f.

nachts schließt, nach ägyptischer Meinung sogar im Wasser unter-
taucht, um sich bei Tageslicht neu zu öffnen, die also dem Sonnen-
lauf exakt und anschaulich folgt, die noch dazu im Sumpf, also auch
im Urmeer wachsen kann, ist ein treffliches Symbol für die Weltordnung des zyklischen Lebens.

Die Sonne selbst bietet sich den Ägyptern auf vielfache Weise als
evidentes Symbol für die gottgewollte Ordnung der Welt an: Sie gibt
das für alles Leben unentbehrliche Licht und die Wärme, sie ist
(tagsüber) allanwesend, teilt die Zeit ein, setzt ihre Grenzen, da man
nach ihr zumindest die Tage und die Stunden berechnen kann; weniger freilich die Jahreszeit, da die Neigung der Sonnenbahn im Win-
ter in südlichen Breiten weniger deutlich ist als in Europa. (Das Jahr
beginnt im Alten Ägypten mit der Nilschwelle im Juli, nicht mit einer Sonnenwende.) Schließlich steht sie wie keine andere Natur-
erscheinung für die Regeneration nach dem allabendlichen Sterben.

Für uns taucht nun die Frage auf, woher denn der Urgott komme,
ob er von Ewigkeit da sei oder wie er ins Leben trat. Die Ägypter
antworten in aller Regel, der Urgott sei „von selbst, aus sich selbst
entstanden", „von selbst, ohne daß er geboren wurde"[3]. Mit dieser
Auskunft werden wir uns wohl auch begnügen müssen – weiß doch
keine Religion eine bessere zu geben. Bedeutsam aber ist eine ägyptische Folgerung: So wie die Schöpfung einen Anfang hat, so steht ihr
auch ein Ende bevor: Alles Geschaffene ist vergänglich, und dazu
zählen auch die Götter: sie sind also keine athanatoi, „Unsterbliche"
(übrigens sind sie das auch in Griechenland nicht, wo mit dem Zeus-
alter auch den ihm angehörenden Göttern ein Ende bevorsteht). Nur
der Schöpfergott wird, wenn er seinem Werk eines Tages ein Ende
bereitet, „übrigbleiben" und wieder, wie vor der Schöpfung, als
Schlange im Urwasser Nun leben: „Diese Erde wird wieder in den
Nun zurückgehen, in die Flut (?), wie im Urzustand. Ich bin es, der
übrigbleiben wird – zusammen mit Osiris –, nachdem ich meine Gestalt wieder in eine Schlange verwandelt haben werde, die kein
Mensch kennengelernt, die kein Gott gesehen hat"[4].

[3] Hornung, EuV, S. 139 f.
[4] Totenbuch Spr. 175; H. Brunner, ATD S. 39.

Es gibt einige weitere Zeugnisse für eine solche Eschatologie, die uns nochmals den entscheidend begrenzten Charakter der Welt deutlich macht. Die Ewigkeit ist ein abendländischer, Ägypten fremder Begriff, und die beiden ägyptischen Wörter, die wir so übersetzen, bezeichnen einen zwar sehr langen, aber endlichen Zeitraum.

Innerhalb der geschaffenen Zeit, also der Lebenszeit der Welt, altern alle Wesen, auch die Götter, und wie jene verjüngen sie sich, teils täglich (wie etwa der Sonnengott), teils jährlich (wie der Nil), teils in noch längeren Zeiträumen. Im allgemeinen wird diese Regeneration analog zur jährlichen Erneuerung der Vegetation oder zur täglichen der Sonne oder der Menschen (durch den Schlaf) vorgestellt. Während auf Einzelheiten dieser reich verzweigten Reflexionen verzichtet sei, soll der Mythos von der *Vernichtung des Menschengeschlechts* gewürdigt werden, der mit der Schilderung des Alterns des die Welt beherrschenden Sonnengottes einsetzt[5].

„Nun geschah es, daß Re aufging, der von selbst entstandene Gott, nachdem er im Königtum gestanden hatte und Menschen und Götter noch zusammengewesen waren. Die Menschen aber hatten Anschläge gegen Re geplant, denn Seine Majestät war alt geworden, seine Knochen aus Silber, seine Glieder aus Gold, sein Haar war echter Lapislazuli." Der alte Gott beruft einen Götterrat ein, der beschließt, die Menschen zu vernichten, und zwar durch das Auge des Gottes, also die Sonne, die in Gestalt der Rauschgöttin Hathor vom Himmel „hinabsteigen" sollte. Die Menschen sind, aus Furcht vor der Strafaktion, in die Wüste geflohen, wo sie aber dem Zugriff der Re-Tochter besonders ausgesetzt sind. Nachdem sie eine Anzahl Menschen getötet hat, nimmt Re den Entschluß, sie alle umzubringen, zurück, indem er hofft, die Herrschaft über die verringerte Zahl ausüben zu können. Doch nun vermag er die Göttin, die dem Blutrausch verfallen ist, nur durch eine List von der gänzlichen Ausrottung der Menschen abzuhalten. Er läßt während der Nacht die Felder mit blutrot gefärbtem Bier bedecken, von dem die blutgierige

---

[5] H. Brunner, ATD, S. 35–38; E. Hornung, Der ägyptische Mythos von der Himmelskuh, Orbis biblicus et orientalis 46, Freiburg/Schweiz 1982.

Göttin trunken wird und damit nach ägyptischer Vorstellung besänftigt. So werden zwar die letzten Menschen gerettet, allein der gealterte Sonnengott ist des Beisammenseins mit diesem Geschlecht müde und will sich zurückziehen. Dazu besteigt er den Rücken seiner Tochter Nut (d. i. der Himmel), die sich zu diesem Zweck in eine Kuh verwandelt. Am nächsten Morgen sehen die Menschen ihren Gott am fernen Himmel. Sie wollen daraufhin die Empörer unter sich tilgen, doch scheint Re (die Stelle ist schlecht erhalten) ihnen das zu verbieten. Doch ist wohl soviel klar, daß hier eine Ätiologie des Krieges geboten war.

Obwohl in völlig anderem geographischen Rahmen spielend, haben wir doch dieselbe theologische Aussage vor uns wie in der Sintflutgeschichte der Bibel: Abfall der Menschen, Beschluß Gottes, sie zu vernichten, aber einen Rest zu begnadigen, und zu diesem Zweck eine besondere List: Hier das blutrot gefärbte Bier, dort ein gepichter Kasten, die Arche. Auch das zweite, in Ägypten damit verbundene Theologumenon, die von den Menschen verschuldete Gottesferne, findet sich in mythischem Zusammenhang in der Bibel, dort als Vertreibung aus dem Paradies, wo Adam und Eva mit Gott zusammenleben konnten. Dieselbe theologische Aussage, daß nämlich die Menschen ihr Leben verwirkt haben, daß aber ein Rest begnadigt wird, die Menschheit also hinfort ihr Leben diesem Gnadenakt verdankt und es in Ferne von Gott zubringen muß, wird in beiden Ländern in jeweils kulturtypisches Ambiente gekleidet: In Ägypten ist die Wüste das todbringende Element, in Mesopotamien (wo der Sintflutmythos entstanden ist) die – in Ägypten stets als segensreich gepriesene – Flut. Die Trennung von Mensch und Gott geschieht in Ägypten durch eine Entfernung Gottes zum Himmel, in Israel durch Austreibung der Menschen aus dem Garten Eden, dem Paradies. In seltener Klarheit läßt sich in diesem Beispiel der theologische Gehalt von der Erzählform scheiden: Ersterer hat es mit der Wahrheit zu tun, letztere ist vom Typus der Kultur, von der natürlichen Umgebung geprägt und daher jeweils verschieden.

Ohne lange theoretische Erörterungen erkennt der Leser an diesen beiden Beispielen das Wesen des Mythos: Er bietet exemplarische Geschichten von Göttern, die die Welt transparent machen, die

Nachrichten über die Struktur des Lebens vermitteln, die dem Hörer Verhältnisse, die er aus seiner Erfahrung kennt, in größere Zusammenhänge einordnen und an Hintergründe binden. Diese „Erklärungen", die aber nur implicite vorgenommen werden, nicht rational und noch weniger begründet, halten sich durchweg auf religiöser Ebene, Mythen sind ein Teil der Religion, nicht der Dichtung; diese kann allenfalls das genus dicendi abgeben, die Schale, die eigentliche Aussage aber hat mit der Weltordnung zu tun.

Es bleibt noch als letzter der für die Ägypter wie für das Erbe Ägyptens in der antiken Welt wichtigste Mythos, der von *Osiris und den Seinen*. Wie schon gesagt, sind viele ägyptische Texte voll von Anspielungen, doch hat nur der Grieche Plutarch eine zusammenhängende Erzählung dieses Mythos hinterlassen. Osiris war, so wird berichtet, in der Vorzeit ein wohltätiger König Ägyptens, der seinem Volk die Kultur brachte, den Ackerbau, den Gottesdienst und Gesetze. Er, Abkömmling des Sonnengottes, hatte drei Geschwister, die zwar gleichzeitig mit ihm geboren wurden (wenn auch an aufeinanderfolgenden Tagen), aber von verschiedenen Vätern stammten: Isis von Thot (daher ihre Klugheit), Seth und Nephthys vom Gemahl der Nut, von Geb. Seth aber, so heißt es, sei weder zur rechten Zeit noch am rechten Ort geboren worden, er sei vielmehr seiner Mutter aus der Flanke gesprungen. Seth, von dem unten noch ausführlicher die Rede sein wird (S. 57f.), stellt seinem älteren Bruder, der die Herrschaft über die Erde angetreten hat, nach und ermordet ihn. Dazu bedient er sich der Mithilfe von 72 Verschworenen. Er besorgt sich heimlich die Körpermaße des Osiris und läßt einen genau passenden (anthropomorphen) Sarg anfertigen. Bei einem Gastmahl verspricht er diesen demjenigen, der hineinpaßt, und als Osiris sich zur Probe hineinlegt, schließen seine Komplizen den Sarg, versiegeln ihn und werfen ihn in den Nil, der ihn ins Meer treibt. Er landet schließlich in Byblos, einer uralten ägyptischen Kolonie im heutigen Libanon. Dort wird der Sarg von einem schlanken jungen Baum aufgenommen und verborgen; den Wachstumsgott in sich, wächst das Bäumchen wunderbar schnell auf. Wegen dieses Wunders schneidet ihn der König von Byblos ab, ohne zu wissen, daß er einen Sarg um-

55

hüllt, und stellt ihn als Stütze in die Halle seines Palastes. Isis erfährt auf der Suche nach ihrem Gatten von der Geschichte, gelangt durch schlaues Verhalten als Wärterin des Prinzenkindes in den Palast, wo sie dem Knaben durch Verbrennen seiner sterblichen Teile Unsterblichkeit verschaffen will, wird aber von der Königin belauscht und durch deren Schrei an der Vollendung der Prozedur gehindert. Isis gibt sich zu erkennen, sie erbittet und erhält den Sarg und überführt ihn nach Ägypten.

Während die ganze Byblos-Episode in der älteren ägyptischen Überlieferung kaum eine Rolle spielt, kennen wir den Fortgang der Geschichte auch aus Originalquellen Ägyptens. Kombiniert mit der Plutarchschen Erzählung, ergibt sich etwa folgendes Bild[6]: Isis beklagt den verstorbenen Gatten rituell, wodurch sie ihn vorübergehend zu einem Teilleben erweckt, und empfängt von ihm ihren Sohn Horus postum. Nach Plutarch findet Seth den Leichnam in Ägypten und zerstückelt ihn, woraufhin Isis die einzelnen Teile dort, wo sie sie findet, begräbt. Ägyptische Überlieferung, besonders in Abydos, weiß davon nichts, läßt vielmehr des Osiris' Leichnam durch einen Kampf seiner Anhänger aus der Hand seiner Feinde, also der Genossen des Seth, befreien und rituell bestatten.

Der Sohn des Osiris, Horus, wird geboren und wächst als Waisenkind in den Sümpfen des Deltas, in der Umgebung von Chemmis, auf. Isis, die selbst ihren Lebensunterhalt als Spinnerin verdienen muß, versteckt ihn dort. Aus den mannigfaltigen Bedrohungen durch Seth, aber vor allem durch Schlangen und Skorpione, rettet sie ihn durch ihre Zaubersprüche. Als der Knabe herangewachsen ist, tritt er für seinen Vater und dessen Recht ein. Nach einer Überlieferung strengt er einen Prozeß gegen den Osiris-Mörder Seth an, da dieser ihn um das Erbe, die Herrschaft über Ägypten, betrogen hat, und erhält Recht. Osiris kann jedoch nicht wieder zu irdischem Leben erweckt werden, und so wird ihm die Herrschaft über die Unterwelt mit den Verstorbenen zugesprochen. Horus aber tritt das irdische Erbe, die Königsherrschaft, an. An die Stelle dieses Ge-

---

[6] Es ist hier nicht der Platz, die komplizierten Überlieferungsverhältnisse zu entwirren und darzustellen; es sei eine Kontamination erlaubt.

richtsentscheides oder neben ihn tritt in anderen Versionen ein Zweikampf zwischen Horus und Seth. Es ist bezeichnend für ägyptisches aspektivisches Denken, daß Seth bei dieser Auseinandersetzung „Bruder" des Horus genannt wird, nicht etwa Onkel: Die beiden Kontrahenten stehen sich gleichberechtigt und nahe gegenüber, also sind sie „Brüder". In allen Kämpfen siegt Horus, teilweise mit Hilfe seiner Mutter Isis. Er gewinnt die Königswürde, und nach diesem mythischen Muster ist jeder Pharao Horus.

Wir können nur die wichtigsten Mythenmotive nennen, die diese zentrale ägyptische Göttergeschichte enthält. Osiris ist der ideale irdische Herrscher und eine Gründer-Gestalt. Seth vollbringt einen Brudermord, die Witwe Isis sorgt in Treue für den Gatten (wobei ihre Schwester Nephthys, die sowenig eine eigenständige Rolle spielt wie der Heroengefährte der klassischen Sage, ihr zur Seite steht). Horus wird nicht nur postum gezeugt – ein typisch ägyptischer, wohl singulärer Zug –, er wächst vaterlos und durch Nachstellungen gefährdet auf, wie viele andere Heilbringer (Sargon von Akkad, Moses, Zeus auf Kreta, Herakles u. a.[7]).

Die Situation des vaterlosen Kindes und der fürsorglichen Mutter wird in der ägyptischen Spätzeit mit rührenden Zügen ausgemalt und dient als mythisches Urbild für zahllose magische Heilssprüche. Zentral für den ägyptischen Totenglauben wird aber die Auferweckung des Osiris zu neuem, wenn auch nicht diesseitigem Leben (dazu s. u. S. 130). Die Legitimierung des zunächst verdrängten Erben Horus, sei es durch Zweikampf, sei es durch Gerichtsbeschluß, wird das mythische Vorbild für die Thronfolge, ja überhaupt für die Vererbung eines Amtes vom Vater auf den Sohn.

Besondere Bedeutung kommt dem *Streit zwischen Horus und Seth* zu, wie ihn uns ein Papyrus des Neuen Reiches anschaulich und amüsant in seinen verschiedenen Phasen als Zweikampf oder als Gerichtsverhandlung schildert[8], wie er aber auch aus zahlreichen Anspielungen bekannt ist. Um die Spiegelung eines Zuges menschli-

---

[7] S. z. B. C. G. Jung und K. Kerényi, Einführung in das Wesen der Mythologie, 1951, S. 44 ff.

[8] E. Brunner-Traut, Märchen, Nr. 13.

chen Lebens deutlich zu machen, müssen wir etwas ausholen. Seth, der, wie wir gesehen haben, schon bei seiner Geburt aus dem Rahmen des Normalen gefallen ist, steht immer wieder neben der Ordnung: Er stellt zwar Mädchen und Frauen nach, bei denen er stets den Kürzeren zieht (er ist also der „dumme Teufel"), hat aber zugleich homosexuelle Gelüste. Er ist ein Gott der Wüste, zumindest der Grenzlande zwischen Fruchtland und Wüste. Als Gott der Kraft und der Gewalt bildet er den Gegensatz zu dem zartgliedrigen, schwachen Horus, doch das Recht steht auf dessen Seite. Das Brüderpaar verkörpert in seinen Mythen das ewig problematische Verhältnis von Macht und Recht, von denen keines ohne das andere auskommt, die einander bekämpfen und doch einander bedürfen, und zwar in einem ganz bestimmten Verhältnis, wie es auch der Ausgang des Streites oder Kampfes zwischen Horus und Seth manifestiert: Die – unentbehrliche – Macht muß dem Recht unterstellt werden, damit sie keinen Schaden anrichtet. Dazu aber muß auch das Recht eine Machtposition innehaben, und die legt die erwähnte Geschichte in das Unterweltsreich des Osiris, von wo der Tod auch die Götter und damit Seth bedroht[9].

Es mag hier noch eingefügt werden, daß der Gott Seth zwar immer wieder einmal besondere Verehrung gefunden hat, so vor allem in der 19. Dynastie, wo sich auch Könige nach ihm „Sethos" genannt haben, daß er aber dem Rechtsvolk der Ägypter suspekt war und schließlich ganz geächtet und verfolgt wurde als Antigott, geradezu als Teufel. Sein eigentliches Tier ist ein in der greifbaren Welt nicht existierendes Fabelwesen, die anderen mit ihm verbundenen Tiere sind kraftvolle, aber unbeliebte, wie Esel, Schwein, Nilpferd. Dem Seth zugeordnet werden auch Wetterstörungen wie Gewitter und Sturm.

Wir fassen mit dem Gegensatz zwischen den beiden Brüdern Horus und Seth ein urmenschliches Phänomen, das der Antinomie, der Gegensätze, wobei keine der beiden Seiten notwendig Unrecht haben muß (daß die Sympathie der Ägypter nicht auf Seths Seite lag, ist

[9] Zu Seth und seinem Wesen s. E. Hornung, Seth, Geschichte und Bedeutung eines ägyptischen Gottes, in: Symbolon 2, 1974, S. 49–63.

deutlich). Die Antipoden liegen im Streit miteinander, der endlos ist wie der Mythos, weil er sich immer wiederholt. Und doch erzählen die Ägypter einen versöhnlichen Ausgang des Kampfes: Zu beider Zufriedenheit wird der Zwiespalt geschlichtet, ohne daß eine Seite vernichtet wird: Horus erhält zwar ganz Ägypten (nach einer Version ist der erste Versuch, das Land zwischen ihnen aufzuteilen, gescheitert), aber Seth wird Herr des Auslandes, besonders der Wüste. Für die Weltherrschaft sind beide vonnöten, und tatsächlich ist der Pharao, wenigstens zeitweise, Horus *und* Seth. In ihm sind die beiden Feinde versöhnt – ohne daß die Gegensätze, die zum Wesen der Welt gehören, aufgehoben wären. Das ägyptische Weltbild harmonisiert nicht, es läßt Gegensätze bestehen, versöhnt sie aber auf der politischen Ebene. Dieser Mythos war für die Ägypter so wichtig, daß er sich zahlreiche andere assimilierte und im ganzen Lande stadtaus, stadtein bekannt war.

Der jeden einzelnen weitaus am stärksten berührende Zug aber war die Wiederbelebung des Osiris nach seinem Tode, jenes große Vorbild für die Auferweckung aller Verstorbenen. In verschiedenen Varianten erzählen ihn die verschiedenen Orte oder sie stellen ihn in „Spielen" dar; den größten Ruhm erlangt haben die sog. „Mysterien" von Abydos. Auch hier haben wir zwar keine fortlaufende Schilderung des „Dramas", doch ergibt sich aus den nicht seltenen Anspielungen und meist knappen Erwähnungen von Teilnehmern, daß Osiris erschlagen aufgefunden, daß er rituell beklagt und auf ein Schiff gebracht wird, daß er dann „erwacht" und ein großer Triumphzug ihn wieder in seinen Tempel zurückführt. Die Ermordung, die Rolle der Isis, die Kämpfe zwischen Horus und Seth fehlen offenbar bei dieser auf den wichtigsten Zug, die Möglichkeit eines Lebens nach dem Sterben reduzierten Version, die seit dem Mittleren Reich als bedeutendste Mythendarstellung Ägyptens galt[10].

[10] R. Anthes, Die Berichte des Neferhotep und des Ichernofret über das Osirisfest in Abydos, in: Festschrift zum 150jährigen Bestehen des Berliner ägyptischen Museums, Mitt. a. d. ägypt. Sammlung VIII, Berlin 1975, S. 15–49.

Es ist also eine Fülle von Urbildern (wie die vaterlose Waise als Heilbringer, der die Herrschaft widerrechtlich usurpierende Mörder) oder Motiven (die teilweise Wiederbelebung des Ermordeten, der durchgesetzte Rechtsanspruch des als kleines Kind verstoßenen Sohnes), die dieser zentral wichtige Mythos, eine der Grundlagen ägyptischen Totenglaubens, in sich birgt. Solche wohl allen Menschen im kollektiven Unbewußten gegenwärtigen Evidenzen sind es, die die Wahrheit eines Mythos erweisen. Die Gestalt des Osiris, aber auch der Gegensatz Horus/Seth gewinnen die Bedeutung von Welterklärungen und gewähren Hoffnung und Trost für die Menschen durch viele Jahrhunderte. In Ägypten haben nicht Dogmen diese Funktion, sondern Mythen und Göttergestalten.

Einen weiteren Mythos, den der Legitimierung Pharaos durch seine Geburt, werden wir noch kennenlernen (S. 73 f.), auf die Wiedergabe der übrigen müssen wir hier verzichten [11]. Aber die religiöse Funktion des Mythos in Ägypten (und entsprechend in anderen antiken Kulturen) dürfte deutlich geworden sein: Die Welt, deren Wesen den Menschen allezeit tief beunruhigt, weil es wirr und unberechenbar beängstigend ist, erhält eine Ordnung, wird verständlich, bis zu einem gewissen Grade durchschaubar. Mythen bringen Sicherheit und Trost, selbst wo Unglück und Tod erzählt werden, da sie eine klare Schicksalsführung an die Stelle des blinden, unberechenbaren Zufalls setzen.

Neben dieser Funktion, die sie weitgehend mit Dichtungen teilen, haben die ägyptischen wie auch andere antike Mythen noch einen anderen, unserer Zeit ferner stehenden Bezug zur jeweiligen Gegenwart. Sie spielen nicht in einer historisch fixierbaren *Zeit,* unterscheiden sich also darin von Sagen, die z. B. auf Barbarossa oder die Eroberung Trojas festgelegt sind, vielmehr ist die Zeit des Mythos schwebend, ja sie kann durch entsprechende Handlungen in die Gegenwart geholt werden. Osiris ist nicht an einem bestimmten, auf unserer Zeitachse bezeichenbaren Tage gestorben oder auferstanden, sondern zwar in einem bestimmten Monat, aber nicht in einem

---

[11] Neue Liste der besser erhaltenen äg. Mythen in: LÄ IV, Sp. 278–280.

bestimmten Jahr, und dieses Ereignis, das von so großer Bedeutung für die Menschen ist, kann jedes Jahr zur selben Zeit wiederholt werden. Mit dieser Wiederholung aber erneuert sich auch die von der Auferstehung ausgehende Heilswirkung unmittelbar, also nicht etwa nur im Geiste der Menschen, die sich dies Ereignis nacherlebend vor Augen stellen, sondern objektiv für das ganze Land. Dies ist die Bedeutung ägyptischer Feste, daß an diesem bestimmten Tag durch den Nachvollzug eines Kampfes, einer Prozession, eines mythischen Ereignisses diese bestimmte Kraftwirkung aktualisiert wird.

Ähnlich steht es mit dem mythischen *Raum,* der sich ebenfalls nicht in den Koordinaten einer Landkarte festlegen läßt. Zwar wird von mythischen Ereignissen berichtet, daß sie in einem Gau, in einer Stadt stattgefunden haben, doch können sie auch an anderen Stellen durch gültigen Nachvollzug realisiert werden. Gewiß ist Osiris an einem Nedit genannten Ort getötet und aufgefunden worden, und dieser heilige Ort wird zunächst bei Buto im Delta lokalisiert. Aber als Abydos in Oberägypten die zentrale Verehrungsstätte für den Gott wird, zeigt man dort Nedit. Die Stätte könnte an vielen Orten gleichzeitig realisiert werden, so wie es mit dem Grab des Osiris geschehen ist. Plutarch, der zwar viel vom Mythos wußte, aber doch in einer nachmythischen Zeit lebte, findet einige rationale Erklärungen für den ihm im Grunde unbegreiflichen Umstand, daß Osirisgräber an vielen Orten Ägyptens gezeigt werden.

Jeder Tempel Ägyptens steht auf dem „Urhügel", von dem aus die Welt geschaffen worden ist, oder, anders ausgedrückt, in jedem Tempel kann diese kraftgeladenste aller Stätten realisiert werden. Ist nicht ein Kalvarienberg, ist nicht die Weihnachtskrippe etwas Ähnliches, wenigstens im Volksglauben? Ist nicht der Ostergruß der Ostkirche: „Christ ist erstanden!" im Glauben des Volkes nicht nur eine Erinnerung an ein Geschehnis vor fast 2000 Jahren, sondern die frohe Botschaft von einem gerade eben eingetretenen Ereignis?

Wenn aber mythische Erzählungen nicht in einer bestimmten Vergangenheit und an einem bestimmten Ort spielen, sondern in die jeweilige Gegenwart oder an den jeweiligen Ort zu holen sind, und zwar durch vollgültige, in Vollmacht vollzogene Erzählung oder

Aufführung, ja durch entsprechende Bilder, so verstehen wir, daß ihnen als Spender religiöser Kräfte eine unmittelbare und zentrale Rolle in der ägyptischen Religion zukommt. Zwar haben wir vielfach Spuren von Mythen, wenn auch solche, die für die Auferstehung vom Tode, also für die jenseitige Welt Bedeutung haben, uns am besten bekannt sind, nachdem die Totentexte besser als die meisten anderen überliefert sind; zwar haben wir auch mythische Zeugnisse von ägyptischen Festen, kennen auch mythische Deutungen des Ritualgeschehens im Tempel und der Tempelarchitektur – aber in welcher Form Mythen im Volk umliefen, das wissen wir nicht.

Eine eigene *literarische Form* haben die Ägypter für ihre Mythen nicht entwickelt; ein Mythos kann sich als Erzählung, als Drama, in märchenhafter Form oder im Hymnus verfestigen, bleibt aber daneben stets in mündlicher Überlieferung beweglich. Das zeugt von freiem Umgang mit diesem religiösen Gut. Tatsächlich haben viele der ägyptischen Mythen proteusartigen Charakter, d. h., sie wandeln sich immer wieder, lassen sich verschieden deuten, auch verschieden kombinieren, beeinflussen sich immer wieder gegenseitig, und gerade die am häufigsten in Mythen verwendeten Begriffe oder Motive, wie das „Horusauge", aber selbst Gestalten wie der Sonnengott, der unter vielen Namen verehrt wird, von dem besonders viele Aspekte bekannt sind und damit besonders viele Aussagen möglich werden, sind am wenigsten verfestigt; sie lassen oft genug verschiedene Deutungen nebeneinander zu, zeigen gleichzeitig mehrere, oft keineswegs widerspruchsfreie Aspekte.

In den *Alltag* griff der Mythos mehrfach über, vor allem die magische Praxis arbeitet weitgehend nach mythischem Vorbild, indem der Magier sich oder den, auf den sich die Wirkung erstrecken soll, oder aber beide Personen mit Gestalten des Mythos identifiziert, so etwa ein krankes Kind mit Horus, die heilende Zauberin sich mit Isis. – Loskalender rieten den ratsuchenden Menschen, an diesem oder jenem Tage eine bestimmte Handlung zu unternehmen oder zu unterlassen, je nachdem, welches mythische Ereignis an dem Datum stattgefunden hatte [12]; freilich ist zweifelhaft, ob sich Ägypter mehr

---

[12] E. Brunner-Traut, Gelebte Mythen, ²1981, S. 18 ff.

nach solchen Ratschlägen gerichtet haben als ein moderner Europäer nach den Horoskopen der Populärastrologie in den Illustrierten, selbst wenn er sie aufmerksam liest [13].

Nachweisbar ist dagegen der erhebliche Einfluß der Mythen auf das Geschehen im Tempel, ja auf dessen Architektur. Davon wird im IV. Kapitel die Rede sein. Im übrigen geraten wir mit unseren Fragen nach Ursache und Wirkung in der Religionsgeschichte immer wieder in das Dilemma, daß man ebensogut annehmen kann, die Thronfolge Vater–Sohn z. B. habe sich nach dem Mythos von Osiris und Horus gerichtet wie umgekehrt, der Mythos spiegele eine schon vorher bestehende Ordnung wider und verleihe ihr religiöse Rechtfertigung. Jedenfalls sind gerade beim Königtum und seinen Riten oder seiner Ideologie die Beziehungen zu mythischen Überlieferungen besonders eng.

[13] R. Drenkhahn, Zur Anwendung der „Tagewählkalender", in: Mitt. d. D. Archäol. Inst. Kairo 28, 1972, S. 85–94.

III. DAS GÖTTLICHE KÖNIGTUM

Das ägyptische Königtum hat in einem tieferen Sinn mit Religion zu tun als abendländische Monarchien, seien diese vertreten durch Herrscher dei gratia oder als defensores fidei. Pharao, wie die Bibel den ägyptischen König nach dessen Bezeichnung „Großes Haus"[1] nennt, hatte in besonderem Sinne unmittelbar Teil an der Göttlichkeit. Es wäre vereinfachend, ja geradezu falsch, zu sagen, Pharao sei Gott gewesen. Einige Anzeichen deuten darauf hin, daß der König in der Vorgeschichte und bis zu einem gewissen Grade noch in den ersten beiden Dynastien als mit übermenschlichen Kräften begabt und vielleicht sogar als in Tiergestalt verkörpert aufgefaßt wurde: Spätere formelhafte Bezeichnungen wie „Starker Stier" oder „Wilder Löwe" werden in geschichtlicher Zeit nur noch als Epitheta gebraucht, finden aber in der Frühzeit noch ihren bildlichen Niederschlag. Doch sind zu wenig Texte aus dieser frühen Periode erhalten, als daß uns ihr religiöses Leben wirklich verständlich werden könnte – und dazu heutige afrikanische Vorstellungen heranzuziehen, führt nicht über Hypothesen hinaus. Befürchtungen, daß schon die Berührung mit dem Körper des Königs oder mit seinen Insignien gefahrvoll sei, halten sich bis weit ins 3. Jahrtausend, ohne daß man daraus folgern dürfte, die Person des Königs sei im vollen Sinne des Wortes göttlich gewesen.

Seit dem Alten Reich jedenfalls haben die Ägypter wohl zu unterscheiden gewußt zwischen dem Amt und der Person, die dieses Amt verwaltete. Das Amt war göttlichen Ursprungs. Vor allen menschlichen Königen haben Götter auf Erden geherrscht; sie gehen in den Königslisten den irdischen Herrschern voraus, und jeder König kann als „Erbe" dieser Götter, besonders des Geb, bezeichnet wer-

---

[1] Vgl. „Hohe Pforte" oder „Der Hl. Stuhl", „Weißes Haus" oder „Downing Street" für die jeweils dort residierenden Herrscher oder Politiker.

den. Das Amt stand stets unter göttlicher Leitung. Die Person freilich, die das Amt innehatte, war sterblich, fehlbar, menschlich-irrend, und die Volkserzählungen nehmen in dieser Hinsicht oft kein Blatt vor den Mund. Sorgfältig komponierte Texte gebrauchen zwei verschiedene Vokabeln, je nachdem, ob der Aspekt des Amtes oder der seines derzeitigen Inhabers hervortritt.

Dem widerspricht nicht die zu allen Zeiten übliche Bezeichnung Pharaos als „Gott" oder gar als „vollkommener Gott", wobei freilich auch der Begriffsumfang des ägyptischen Wortes für „Gott" zu bedenken ist, der sich mit dem unseres Wortes nicht voll deckt. Jede Monarchie neigt zur Konservierung alter Begriffe, auch wenn sie durch den Lauf der Geschichte entleert sind, erst recht die ägyptische. Die Minderung der Zentralstellung des Königs im Staatswesen im Laufe der Entwicklung kann hier nicht dargestellt werden. Die Linie ist auch keine Gerade, vielmehr in ihren Biegungen abhängig von gesellschaftlichen, auch wirtschaftlichen und außenpolitischen Entwicklungen, ebenso aber auch von der Persönlichkeit der jeweiligen Könige. Theoretisch blieben die Aufgaben des Amtes durch die 3000 Jahre ägyptischer Geschichte die gleichen, und auch die schwachen Herrscher, ja sogar die römischen Kaiser mit all ihren oft üblen Vertretern galten als von Gott dem Land gegeben und als Mittler zwischen den Welten.

Um die Unterscheidung zwischen dem Amt und der Person, die heute in westlichen Demokratien so schwer vollzogen werden kann, deutlich zu machen, ist vielleicht ein Hinweis hilfreich auf die katholische Lehre von der Infallibilität des – sonst durchaus fehlbaren – Papstes, wenn er ex cathedra spricht. So sehr die Ägypter um allzumenschliche Seiten ihrer Herrscher wußten – davon zeugen vor allem umlaufende Geschichten[2] –, so sehr hielten sie an der Unentbehrlichkeit des Königsamtes fest, und weder Usurpatoren noch Fremdherrscher konnten dies Amt gefährden, so wenig wie Revolutionen die Abschaffung dieser „Staatsordnung" je im Auge hatten. Gedanken an eine Änderung der das Leben in Ägypten ermöglichenden und regelnden Ordnung waren schon deshalb fern, weil der

---

[2] Gg. Posener, De la divinité du Pharaon, 1960.

Begriff des „Staates" fehlte. Er ist identisch mit „König", welches Wort wir oft genug treffend mit „Staat" übersetzen können. Ein königloser Staat ist für den Ägypter ganz undenkbar – er wäre mit Anarchie zusammengefallen, also dem Zustand vor der Schöpfung gleich gewesen. Wo es Empörungen oder gar Revolutionen gegeben hat, richteten sie sich gegen Mißstände, vielleicht sogar einmal gegen die Person eines Königs, niemals aber gegen die Institution des Königtums, das immer so bald wie möglich wiederhergestellt wurde. Die Form, in der das geschah, war dann eine Frage der Legitimation, von der unten (S. 71 ff.) zu sprechen sein wird. Die Spannung zwischen dem Amt und seinem Inhaber kam auf vielfache Weise zum Ausdruck. Keine offizielle Inschrift kündet je von Versagen, auch nur von zweifelhaften Charakterzügen oder der Krankheit eines Königs, während Volkserzählungen durchaus davon wissen und Gerichtsakten oder Literaturwerke von einem Königsmord sprechen können, wenn auch in verhaltener Weise. In seiner Amtsführung hat sich Pharao an die für das Königtum vorgeschriebenen Riten zu halten[3], ja er hat Handlungen, die wir politisch nennen würden, etwa Kriegszüge oder Bauten, „rituell" durchzuführen, genauer: solche Handlungen werden als Riten aufgefaßt[4].

Aber auch diese traditionsgebundenen Aussagen über Taten des Königs unterliegen nicht nur einem Wechsel im Laufe der Zeiten, die sich eben auch in Ägypten, geradezu gegen den Willen der Menschen, ändern, sondern auch die Person eines Königs spielt insofern dabei eine Rolle, als sie aus den zahlreichen Möglichkeiten dessen, was zu tun ist, auswählt. Es ist unvorstellbar, daß ein König des Alten Reiches sich rühmt, sportliche Leistungen wie Scheibenschießen oder Rudern „angesichts des ganzen Heeres" vollbracht zu haben, wie das von Amenophis II. überliefert ist. Bei diesen Taten spielt sowohl der Geist einer kriegerischen Zeit, wie auch die persönliche Vorliebe des Königs eine entscheidende Rolle[5]. Der Pharao führt,

[3] W. Barta, Untersuchungen zur Göttlichkeit des regierenden Königs, 1975.

[4] E. Hornung, in: MDAIK 15, 1957, S. 120 und ders., Geschichte als Fest, 1966.

[5] S. dazu zuletzt Ch. Zivie, in: SAK 8, 1980, S. 269 ff.

wenn es sich um einen starken Charakter handelt, die königliche Aufgabe, die Ordnung der Welt zu erhalten und das Bestehende zu erweitern, auf seine individuelle Weise durch.

Ohne auf diese zeitgeschichtlich und persönlich bedingten Abwandlungen hier eingehen zu können, beschränken wir uns auf solche Funktionen des königlichen Amtes, die von jeher und bis zum Ende des Pharaonenreiches das Bild Pharaos bestimmt haben.

Grundaufgabe des Herrschers, die allein seine Machtfülle rechtfertigte, war es, die „Weltordnung", die Ma'at, also das Maß und die Rangordnung, die der Welt seit der Schöpfung inhärent war, die aber stets zum Verfall tendierte, zu stützen, ja sogar auszubauen[6]. Kultisch wird dieser Vollzug dadurch symbolisiert, daß der König der Gottheit ein Figürchen der Göttin Ma'at darbringt. Politisches und Kultisches stehen ungetrennt beisammen. Dem König als dem Sohn Gottes obliegt die richtige Durchführung des Kultes wie eine hinreichende Versorgung des Volkes, eine gerechte Rechtsprechung wie die *Erweiterung der Grenzen*".

Wir wenden uns diesen Gebieten einzeln zu und beginnen mit der letztgenannten Aufgabe des Pharao. Dabei kommen nur einem Europäer des 20. Jh. Worte wie „Imperialismus" oder gar „Kolonialismus" in den Sinn. Aber in Ägypten, das bei der Schöpfung von Gott aus dem Chaos ausgegrenzt und mit dem fruchtbaren Nil versehen, den Menschen zuliebe „geschaffen" wurde, ist jede Tat, die dem Chaos ein weiteres Stück abringt und der Ordnung zuschlägt, eine Fortsetzung der Schöpfung. Der Kampf richtet sich ebenso gegen die Wüstentiere, vor allem Löwe und Wildstier, deren Jagd dem König vorbehalten bleibt, wie gegen die „wilden" Völker um Ägypten. Die berühmte Truhe des Tut-anch-Amun zeigt auf den beiden Deckelbildern den König bei der Jagd auf Löwen und anderes Wüstenwild, auf den beiden Seiten den Kampf gegen Nubier und Asiaten. Die Bilder sind ähnlich, der Aufbau gleich: In der Mitte Pharao auf seinem Kampfwagen, die Szene schon durch seine Größe beherr-

---

[6] Außer den beiden in Anm. 4 genannten Arbeiten von Hornung vgl. noch Ph. Derchain, Le rôle du roi d'Egypte dans le maintien de l'ordre cosmique, in: Le pouvoir et le sacré, 1961, S. 61 ff.

schend, hinter ihm wohlgeordnet, in kleinerem Maßstab, sein Gefolge, vor ihm in wildem Durcheinander die Tiere bzw. die Feinde – schon dieser gleiche Aufbau lehrt, daß hier parallele Handlungen vorliegen, eben ein „Ritual" im weiteren Sinne des Wortes, wenn auch nicht mit festgelegten Handgriffen und zugehörigen Sprüchen. Das „Erweitern der Grenzen", die Ausdehnung des Bereiches der geschaffenen Welt gegenüber der (vereinfachend gesagt) „Wüste" gehört zu den Rechten und Pflichten des Königs, der die Bezeichnung „Herr all dessen, was die Sonne umkreist" führt.

Dasselbe gilt nun aber auch für *Tempelbauten;* auch hier hat jeder König die Aufgabe, über das, was seine Vorgänger geschaffen haben, hinauszugehen, also die Tempel zu erweitern; außerdem, jedenfalls im Neuen Reich (bei den Pyramiden liegen die Dinge etwas anders), sein eigenes Grab in den Maßen, in der Anzahl der Räume, dem Umfang der Pfeiler, der Höhe der Gänge ein wenig zu vergrößern gegenüber dem seines Vorgängers[7]. Es ist also ein durchaus dynamisches Weltbild, das die Ägypter zu ihren Taten antreibt – freilich nicht im Sinne einer Entwicklung zu einer glücklichen Welt und zu unbekannten Ufern, sondern zu einer Erweiterung der Schöpfung im Wissen um ein Weltende in irgendeiner Zukunft.

Die zweite wichtige Aufgabe des Königs ist die Wahrung des Rechts; sie gehört ebenfalls, da das Recht von Gott bei der Schöpfung gegeben worden ist, im weiteren Sinne in den Bereich der Religion. Die beiden wichtigsten Seiten einer Rechtsordnung, der Schutz des Schwachen vor dem Starken und, eng damit zusammenhängend, die Bestrafung der Rechtsbrecher, also die Vereitelung von Gewalttat bzw. ihre Bestrafung und die Ahndung jeder Form von Selbstjustiz, zeichnen auch das ägyptische Recht aus. Von jeder „staatlichen" Gewalt heißt es ausdrücklich, Gott habe sie eingesetzt, um „den Rücken des Schwachen zu stützen" (s. o. S. 32).
Rechtsbrecher zählen in Ägypten zu den Gottesfeinden, da sie gegen die Gottesordnung verstoßen. Ihre Bestrafung oder wenigstens

---

[7] E. Hornung, Tal der Könige, S. 37 ff.

ein Urteil, das sie ins Unrecht setzt in dem, was bei uns ein „Zivilprozeß" ist, hat religiöse Implikationen und schafft ein wenig mehr Ma'at, indem „Lüge" und „Unrecht" vertrieben werden.

Bei der Versorgung des Volkes treffen wir wieder auf den ungetrennten Doppelcharakter des Königtums: Innerweltlich würden wir von Amelioration oder Kriegsbeute sprechen, von einem Wirtschafts- und vor allem Verteilungssystem für die zahlreichen Staatsbediensteten. Aber auch für eine ausreichend hohe Nilüberschwemmung hat der König zu sorgen, und das geschieht durch Ritual und Gebet an seine Väter, die Götter. In der Hofideologie vermag er sogar den Frauen Fruchtbarkeit zu verleihen, er hinterläßt das Land volkreicher, als er es vorgefunden hat. Wieweit diese Dinge einer Glaubensrealität entsprechen, können wir schwer beurteilen, das Vertrauen war gewiß bei den einzelnen Volksschichten verschieden.

Auch der Kult schließlich war Aufgabe des Königs, theoretisch sogar ausschließlich des Königs. Nicht nur, daß Pharao für die rechte personale und materielle Ausstattung der Tempel und für deren Erhaltung bzw. Neubau zu sorgen hatte, er war in der Theorie auch der einzige Mensch, der das tägliche Ritual am Kultbild zu vollziehen berechtigt war, der „den Gott schauen" durfte; in der Praxis delegierte er diese Pflicht an Priester. Die Bedeutung des Tempeldienstes und die Rolle des Königs dabei erhellt am besten aus der schon zitierten Restaurations-Inschrift Tut-anch-Amuns nach der Zeit des Ketzerkönigs (S. 43).

Wenn der Bestand der Schöpfung, die ja Natur ebenso wie Menschenwelt ungetrennt umfaßt, nur durch den König gewährleistet war, so verstehen wir, warum die Einrichtung des Königtums in Ägypten niemals in Frage stehen konnte. Schon der Tod eines Königs bedeutete eine Gefahr für den Bestand der Ordnung, d. h. aber der Welt. Die „königslose, die schreckliche Zeit" muß so schnell wie möglich überwunden werden, und zwar durch Inthronisation des neuen Königs. Tatsächlich sind unsere Kenntnisse über diese Vorgänge beschränkt und ergeben kaum ein klares Bild. Es scheint, daß die Inthronisation des Nachfolgers unmittelbar nach dem Tode des alten Königs vorgenommen worden ist, wenn immer das irgend möglich war, und daß damit die volle Mächtigkeit auf den neuen Herrscher überging. Dessen Regierungsantritt wurde mythisch einer Neuschaffung der Ordnung, einer wiederholten Verwirklichung der Ma'at gleichgesetzt. Die offizielle, rituelle Krönung, die großer Vorbereitung bedurfte, wird erst später erfolgt sein [8].

Bezeichnend für das Verhältnis von Realität und Mythos in Ägypten ist es, daß von manchen Herrschern rein fiktive Krönungstage überliefert werden, so von Ramses III. der 1. I. der Peret-Jahreszeit, obwohl wir sicher wissen, daß er am 16. I. der Schemu-Jahreszeit gekrönt worden ist: Das erste, historisch „falsche" Datum ist das der Thronbesteigung des Horus nach dem Tode des Osiris und zugleich eines Neujahrsfestes; bei anderen Königen wird ebenso unhistorisch der 28. IV. der Peret-Jahreszeit genannt, das ist der mythische Geburtstag des Horus. Da ja der König bei seiner Krönung die Rolle des Horus übernimmt, sind auch diese beiden Tage mythisch „richtig" [9].

Daß das Leben eines Königs von *Riten* begleitet, ja eingezäunt war, versteht sich; wenn ich auch nicht an ein „Geburtsritual" [10] zu glauben vermag, so besteht bei der Krönung und zahlreichen anderen Gelegenheiten kein Zweifel, daß alle Handlungen und Reden des Königs und seiner „Mitspieler" rituell geregelt waren – gilt das doch z. B. schon für die Einsetzung eines Wesirs, bei der der König nachweisbar eine Wort für Wort festgelegte Rede Jahrhunderte hindurch unverändert zu halten hatte.

Im folgenden sei auf ein besonderes Königsfest hingewiesen, das, wohl aus vorgeschichtlicher Zeit stammend, sich durch 3000 Jahre gehalten hat, wenn auch nicht ohne seine Bedeutung zu ändern bzw.

---

[8] D. B. Redford, History and Chronology of the Eighteenth Dynasty of Egypt, 1967, Kap. I; W. Barta, in: SAK 8, 1980, S. 33 f.

[9] Barta, in: GM 46, 1981, S. 7 f.

[10] So Morenz, in: Forschungen und Fortschritte 40, 1966, 366 ff. und Barta, Untersuchungen (s. Anm. 3), S. 19 ff.

die ursprünglich geglaubte Bedeutung zu verlieren: Das *Sed-Fest*. Es scheint zurückzuweisen auf den vor Beginn der Geschichte, also im 4. Jahrtausend geübten Brauch, den Herrscher nach einer gewissen Zeit zu töten, wohl nachdem seine Kräfte, die zur Ausübung seines Amtes unentbehrlich waren, nachgelassen hatten oder geschwunden waren. Schwarzafrika bietet hinreichend Parallelen zu solchen Tötungen. Im Ägypten geschichtlicher Zeit wird in der Regel dieses Fest eine Generation nach der Thronbesteigung, also im 30. Regierungsjahr, erstmals gefeiert, danach in kürzeren Abständen wiederholt[11].

Am Vorabend des Festes, das einige Tage dauert, wurde eine Königsstatue begraben. Im Verlauf der Feier spenden die aus dem ganzen Land in Form ihrer Statuen herbeigekommenen Götter dem König frische Lebenskräfte; dazu wird ein Djed-Pfeiler, das Symbol für „Dauer", aufgerichtet. Dem „neugeborenen" König huldigten die Großen des Reiches ebenso wie die einfachen Stände und wiederholten damit gewissermaßen die Krönung. Mehrere rituelle, krafterweisende Läufe des Königs, die Zuweisung von Opfern als Dank an die Götter und zuletzt ein Pfeilschuß des Herrschers in die vier Himmelsrichtungen zum Zeichen eines Sieges über alle Feinde beendeten das Fest, bei dem sowohl die Reihenfolge der zahlreichen Zeremonien als auch deren Deutung in den verschiedenen Epochen noch keineswegs voll verständlich sind.

Gegenüber solchen Festen, die an das Königsamt gebunden waren, wozu auch das Jubiläum der Thronbesteigung zählt, treten die persönlichen Feste des Königs zurück (so etwa der Geburtstag) oder tauchen gar nicht auf; von einer bezeichnenden Ausnahme bei Amenophis III. abgesehen, haben wir keine einzige Nachricht etwa über die Hochzeit des Königs oder über die Geburt des Kronprinzen! Religiöse Bedeutung hat nur das Amt, der König nur als Amtsträger.

Die *Ermächtigung* eines ägyptischen Königs leitete sich vom Mittleren Reich an aus mehreren Quellen her. Da war zunächst die irdi-

---

[11] Vgl. dazu E. Hornung und E. Staehelin, Studien zum Sedfest, Aegyptiaca Helvetica 1, 1974.

sche Erbschaft: Der älteste Sohn des regierenden Königs von seiner Hauptgemahlin war der legitime Erbe. Das mythische Vorbild dieses Vorgangs war die Erbschaft des Osiris, die trotz des Anspruchs Seths seinem Sohn Horus gebührte und ihm – teils nach Zweikämpfen der beiden Prätendenten, vor allem aber durch ein Gerichtsurteil – auch zufiel. Daß beim Erbgang immer wieder Probleme auftauchten (wenn kein Erbe vorhanden war, wenn er vorzeitig starb, wenn ein anderer Königssohn der stärkere war u. ä.), versteht sich, so daß die Geschichte neben diesen normalen Thronwechseln zahlreiche ungewöhnliche kennt, bei denen etwa eine Frau die Legitimität vermittelt, und auch Usurpationen. In solchen Fällen treten dann andere Legitimationen zutage.

Wenn neben die Erblichkeit als Legitimationsprinzip andere treten, so ergeben sich nur für den polar denkenden Europäer Konflikte: Für den Ägypter dagegen tritt nur unter gegebenen Umständen ein Aspekt vorübergehend vor einen anderen. So kann sich der König außer auf die Erbschaft auch auf die Erwählung durch die Gottheit berufen. Diese Wahl mag „im Ei“, d. h. im Mutterleib geschehen sein, sie mag durch ein Orakel erfolgen (so bei Hatschepsut, Thutmosis III. oder bei Haremhab), oder sie kann so im Verborgenen geschehen, daß außer dem erwählten Prinzen oder Prätendenten niemand etwas davon erfährt, nämlich im Traum. Die Vokabel für diese göttliche Designation ist das Wort „lieben“, das erst später, im Neuen Reich, durch „auswählen“ (aus einer Anzahl) ersetzt wird. Diese Liebe ist als eine gegenseitige verstanden, nachdem im Neuen Reich der König so gut wie andere Menschen einen bestimmten Gott erwählen konnte, dem er sein Vertrauen schenkte (vgl. Kap. V).

Wenn der König seit der 4. Dynastie als „Sohn Gottes“ bezeichnet wird, so ist diese Benennung verschiedener Deutung zugänglich. „Sohn“ meint im Ägyptischen keineswegs nur den leiblichen Nachkommen, sondern jedes enge, vertrauensvolle Verhältnis zu einem Älteren oder Höherrangigen, etwa zu einem Lehrer, wie umgekehrt „Vater“ ein älterer Verwandter, ein Lehrer, ein „väterlicher Freund“ o. ä. genannt werden kann. Das Beiwort oder der „Titel“ „Sohn des Gottes NN“ (sehr häufig ist als „Vater“ der Sonnengott Re genannt) ist also nicht, wie man gemeint hat, ein Zeichen der Distanz, sondern im Gegenteil des engen Verhältnisses zwischen König und Gott, wenn auch nicht auf gleicher Ebene.

In gut ägyptischer Weise hat dieser Aspekt des Königs, vereinigt mit dem seiner Stellung zwischen der Götter- und der Menschenwelt, einen anschaulichen Niederschlag gefunden im Mythos von der Geburt des Gottkönigs. Auch dieser Mythos dient der Legitimation, und zwar sowenig wie Berichte von der Erwählung nur in juristisch zweifelhaften Fällen, sondern auch dort, wo die Erbfolge eindeutig war, etwa bei Amenophis III. oder Ramses II. Einige Tempel des Neuen Reiches zeichnen sowohl den Text dieses Mythos auf wie auch eine getrennt davon entstandene, später mit dem Text vereinigte Bildfolge des Geschehens. Der Mythos scheint in ältere Zeit zurückzureichen. Er berichtet, daß der Reichsgott (Re oder Amun) beschließt, einen Thronfolger zu zeugen. Um in den Palast gelangen zu können, nimmt er die Gestalt des regierenden Königs an und vereinigt sich, nicht ohne sich vorher als Gott zu erkennen zu geben, mit der Königin, die übrigens im Mythos noch Jungfrau ist, weil ihr irdischer Gemahl, der König, noch ein unreifes Kind sei. So ist der Charakter des Kindes als monogenés, „eingeboren", sichergestellt. Aus den ersten Worten, die die Frau nach dem Akt spricht, formt er den Namen des Thronfolgers. Geschildert wird weiter die Geburt, die Aufzucht und die Anerkennung des Kindes durch den göttlichen Vater[12]. Damit findet die Doppelnatur des Königs als Gott und Mensch ihren bildhaften Ausdruck: Neben dem göttlichen Vater steht die irdische Mutter. Pharao hat an beiden Welten teil.

Aus dem vorher Gesagten ergibt sich schon, daß nicht jede Aussage, der König sei „Gottes Sohn", mit diesem Mythos in Verbindung gebracht werden kann, sonst könnten nicht mehrere Götter den König mit „unser Sohn" anreden, sonst könnte nicht der König sie „meine Väter" nennen. Aber neben anderen Möglichkeiten ist in diesem Geburtsmythos eben das Vater-Sohn-Verhältnis zwischen Gott und König einmal in diese Form geronnen. Dieser Mythos

---

[12] H. Brunner, Die Geburt des Gottkönigs, 1964.

sollte von überaus großer religionsgeschichtlicher Bedeutung werden, auf die hier nur hingewiesen sei[13].

Das enge Verhältnis des Königs zur Gottheit, ob es nun Sohnschaft genannt wird oder nicht, ist von höchster Bedeutung, folgt doch daraus eine gegenseitige Verpflichtung. Auf der einen Seite hilft Gott dem König, d. h. aber dem ganzen Lande, indem er ihm wie ein Vater seinem Sohn Ratschläge und Weisungen erteilt, indem er ihn die Wünsche der Götter wissen läßt, ihm also den rechten Weg zeigt, aber auch mit Handlungen eingreift. So rettet er in der Schlacht bei Qadesch gegen die Hethiter Ramses II. und damit das ägyptische Heer. Auf der anderen Seite schuldet der König seinem „Vater" Sohnesgehorsam und hat, wie oben gesagt, für den Gottesdienst zu sorgen.

Zu diesen verschiedenen Formen der Legitimation – Abstammung, Orakel, Erwählung, Zeugung durch einen Gott –, die sich, wie gesagt, für ägyptisches Denken nicht widersprechen, sondern als verschiedene Wege zur Annäherung an die Wahrheit einander ergänzen, tritt noch eine weitere: die Bewährung. Es mag sein, daß der ägyptische König sich seit alters auch körperlich bewähren mußte, da zu einigen Riten bei Krönung und Sed-Fest ein Lauf gehört, von dem man annimmt (ohne daß die Texte das aussagen), daß er, wenigstens ursprünglich, die körperliche Tüchtigkeit eines Königs, auch eines alternden, beweisen sollte. Sicher aber ist, daß der Kronprinz vom Mittleren Reich an der Führer der Armee war, sich also als Feldherr zu bewähren hatte – gewiß ein Erbe der Verhältnisse in der Ersten Zwischenzeit, als die Zentralmacht geschwunden war und die

---

[13] Die überaus reiche Literatur zum Weiterleben des Mythos (nicht Legende!) in der Antike, dem Weihnachtsevangelium und der Spätantike kann hier nicht aufgezählt werden, s. u. S. 149f., LÄ II Sp. 475f. und E. Brunner-Traut, Gelebte Mythen, ²1981, 34ff. In Ägypten selbst wird im Laufe des letzten Jahrtausends v. Chr. der König ersetzt durch ein Götterkind, das von zwei göttlichen Eltern gezeugt wird (s. u. S. 86) – offenbar eine Konsequenz aus dem Verfall des Prestiges des Königtums, doch hat der Alexander-Roman bei seinem Bericht über die Zeugung Alexanders deutliche Spuren der älteren Fassung bewahrt: O. Weinreich, Der Trug des Nektanebos, 1911.

Gaufürsten der einzelnen Territorien im Bürgerkrieg ihre Macht kriegerisch zu erweitern suchten.

Der Abstand des Königs zu Gott, und zwar nicht nur der einzelnen Person, sondern auch des Königs als Amtsträger, ist wohl deutlich geworden. Der lebende König hat allenfalls einmal in Nubien einen Kult besessen, ähnlich wie ein Gott. Lediglich der tote König wird „vergottet" (wie übrigens später jeder Tote, Kap. VI). Statuen des lebenden Königs werden verehrt und erhalten auch, wenigstens in der Ramessidenzeit, einen Opferdienst – aber sie gelten nicht als König, sondern als Wohnung von dessen Ka, also einer göttlichen Macht. Sie erhalten einen Eigennamen, der zwar mit dem Namen des Königs, den sie darstellen, gebildet, aber nicht mit ihm identisch ist, z. B. „Ramses, Herrscher der Herrscher". Ihre Funktion scheint es vor allem zu sein, Gebete zu hören und die Bitte an eine Gottheit weiterzuleiten, also eine Mittlerrolle zu spielen. Dieser Kult von Königsstatuen läßt sich bis ins Alte Reich zurückverfolgen[14], doch entwickelt sich der Brauch – gewiß unter dem Einfluß der in Kap. V zu schildernden persönlichen Frömmigkeit – erst in der Ramessidenzeit zu voller Blüte. Noch in der Ptolemäerzeit stehen Königs- und Königinnenstatuen in enger Verbindung zum Tempelkult; der berühmte Stein von Rosette enthält ein Priesterdekret aus dem Jahre 196 v. Chr., das u. a. von der Stiftung solcher Statuen berichtet.

Wenn wir sagten, daß der König in keinem Fall dieselbe Stellung hatte wie ein Gott, so muß das nun nach der anderen Seite hin modifiziert werden, ohne aber daß der Satz aufzuheben wäre. Gewisse göttliche Züge kann der König, wenigstens im Neuen Reich, annehmen: Er kann sich mit Hörnern einer Gottheit, ja mit der Sonnenscheibe auf dem Haupt abbilden lassen, er kann – in Gestalt der Sphinx – einen göttlich-tierischen Leib zeigen. (Die Sphinx von Gîsa gibt eine Erscheinung des Sonnengottes wieder, nicht einen König.) Ähnlich werden auch Beiworte des Königs zu werten sein: „Geliebt von Gott NN" kann sich kein anderer Mensch nennen, sowenig er

[14] H. Junker, Gîza XI, 1958, S. 231–233.

sich in Gemeinschaft mit Göttern in einer Statuengruppe oder einem entsprechenden Relief abbilden lassen kann. Besonders im Ausland oder in ägyptischen Grenzgebieten zeigt sich der König zwar nicht als Gott, aber doch mit göttlichen Zügen[15]. Sosehr auch das religiöse Ansehen des Königtums im Laufe der Zeiten (immerhin 3000 Jahre!) Wandlungen des Wesens und der Wertung unterworfen war, immer gibt es seinem Träger einen „Nimbus", ein besonderes, über die „Würde" eines Menschen hinausgehendes Ansehen. Es gibt eine Reihe von ägyptischen Wörtern für dieses achtunggebietende Etwas, für das eine Zeit wie die unsere kein Organ mehr hat, das aber ein Ägypter auch dann noch erfahren hat, wenn er alle Schwächen seines Königs kannte und sogar verspottete!

[15] Vgl. zu diesem schwierigen Fragenkomplex D. Wildung, in: OLZ 68, 1973, Sp. 549 ff.

IV. TEMPEL UND TEMPELKULT

1. Tempel

Ein ägyptischer Tempel ist ein sakrales Bauwerk, gewiß, aber welche Erfordernisse, welche Gedanken, welche Theologie bestimmten seine Gestalt? Jeder Reisende wird sich fragen, was sich in den vielen Räumen, die heute noch stehen, was gar in den noch zahlreicheren, die, meist aus Ziegeln gebaut, auch bei den besser erhaltenen Bauten verloren sind, abgespielt hat. Wozu die Säulen und ihre verschiedenen Formen, wozu die Pylone, was besagen die endlosen Texte und Bilder an den Wänden? Gerade diese erleichtern die Antwort auf die Fragen, denn in der Regel berichten sie von dem, was in dem betreffenden Raum vor sich ging, wie die aufgezeichneten Reden Rezitationen festhalten, die dort zu sprechen waren[1]. Mag der Zweck der Bilder und Inschriften sein, die heiligen, von Reden begleiteten Handlungen einer späteren Zeit als unveränderliche Vorbilder zu überliefern, mag der Gedanke mitspielen, daß diese Bilder selbsttätig das Ritual weiter vollziehen, selbst wenn aus irgendwelchen Gründen die Menschen es nicht mehr tun könnten – jedenfalls sind uns diese Überlieferungen höchst wertvoll für die Rekonstruktion der Tempel und ihrer Funktion. Daß ein ägyptischer Tempel ein Wirtschaftsfaktor ersten Ranges war, indem ein großer Teil der landwirtschaftlichen und handwerklichen Produktion des Landes ebenso von Tempelangehörigen abhing wie die Verteilung dieser Produkte, daß die ägyptischen Tempel auch Besitzungen im asiatischen und nubischen Ausland hatten, mag bei der Fragestellung dieses Büchleins auf sich beruhen.

In klassischer Zeit, im Mittleren und Neuen Reich, kennen wir

[1] D. Arnold, Wandrelief und Raumfunktion in ägyptischen Tempeln des neuen Reiches, MÄSt 2, 1962.

zwei Haupttypen von Tempeln: *Achsentempel* und *Umgangstempel*; damals waren also die Gotteshäuser weitgehend nach einem einheitlichen Schema gebaut. In älterer Zeit aber hat wohl jeder Gott so wie seine eigene Gestalt, so auch seine eigene Tempelform gehabt und seine eigene Art des Kultes besessen, wenigstens legen Funde aus älterer Zeit wie der Satettempel auf Elephantine zwischen großen Granitfelsen oder ein Heiligtum in zwei Hügeln in Medamôd diese Annahme nahe. Texte berichten, daß die Gestalt der Tempel nicht menschliche Erfindung sei, sondern dem Willen des Gottes entspreche, ja daß die Gottheit selbst die Pläne eines Tempels bei der Weltschöpfung entworfen habe (s. u. S. 84f.).

Das Aussehen der beiden klassischen Typen des Achsen- und des Umgangstempels treffen ihre Namen gut. Dagegen bilden die Felsentempel keine gesonderte Gruppe, sind vielmehr in ihren Formen, soweit das Material des gewachsenen Felsens es erlaubt, den Achsentempeln gleich gestaltet: In Abu Simbel schreitet man durch den Pylon zum „Hof" und die Säulenhalle bis zum Kultbildraum; die architektonischen Formen sind unverkennbar, auch wenn der Pylon nicht freistehen und der Hof oben nicht offenbleiben kann.

Ein Tempel ist – neben Gräbern – am Nil das einzige Bauwerk aus Stein. Wohnhäuser wie Paläste waren nicht für die Ewigkeit bestimmt und daher aus vergänglichen Materialien wie Lehm und Holz gebaut. Jeder Achsentempel war von einer hohen Lehmziegelmauer umgeben, die den Eintritt und durch ihre Höhe den Einblick in den heiligen Bereich verwehrte. Lediglich in dem Vorhof *(wbȝ)*, einem wohl stets als Garten angelegten Bezirk vor dem Ersten Pylon, konnten Fromme Wasser spenden und ein Gebet verrichten. Das große, in die Umfassungsmauer eingebundene Tor des Pylons blieb vor ihnen verschlossen. Kleinere Türen in der Ziegelumwallung boten den Tempelbeschäftigten und nur ihnen einen Eingang. Heute fehlen die Ziegelmauern meist, was den Eindruck verfälscht.

In die geböschten Wände der beiden Pylontürme sind hohe Nischen eingelassen, in denen je zwei oder vier Flaggenmaste, durch Holzklammern festgehalten, aufragten, hohe Edeltannenstämme, die aus Asien in das holzarme Ägypten gebracht werden mußten – ein Grund für das große Interesse, das Ägypten seit der Frühzeit an der Küste des Libanon nahm. An der Spitze der teilweise vergoldeten Maste wehten, wie Abbildungen ägyptischer Tempel lehren, als Wimpel kleine dreieckige farbige Stoffstücke. Zwischen diesen Torbauten befand sich der Haupteingang des Tempels, für den unmittelbar Davorstehenden riesig hoch und doch klein im Verhältnis zu den Pylonen. Die Toröffnung war verschlossen durch ein gewaltiges metallbeschlagenes Doppeltor, meist verziert mit dem Bild des Tempelgottes aus buntem Material. Zu beiden Seiten des Tores ragt bei größeren Tempeln ein Obeliskenpaar in den Himmel, aus einem Block Assuangranit gefertigt, mindestens die Spitze, oft auch der Schaft vergoldet. Abgesehen von den Festtagen, an denen der Gott in Prozession sein Haus verließ, war dies Tor stets verriegelt.

Ein Tempel kann nicht mit einer Kirche verglichen werden, allenfalls mit einem Kloster, hat er doch wie dieses zahlreiche Wirtschaftsbetriebe und Vorratshäuser. Beide dienen nicht einer Gemeinde als Versammlungsort, sind nicht an die Öffentlichkeit gewendet, sondern nach innen.

Hinter dem Pylon liegt zunächst ein von Säulen flankierter Hof (*wsḫt*) – wenigstens im Normal- oder Idealfall; es sei angemerkt, daß kein Tempel dem anderen wirklich gleicht, daß jeder irgendwie von dem hier beschriebenen Schema abweicht, ganz abgesehen von historischen Entwicklungen. Große Tempel verdoppeln gelegentlich diesen oder jenen Bauteil, kleinere lassen manche aus.

Hinter dem offenen Hof folgt entlang dem stets betonten, axialen Weg – manchmal nach einer Vorhalle, deren vordere Säulenstellung in der Spätzeit durch Schranken gegen den Hof abgegrenzt ist – stets eine Halle, deren Raum von Säulen bestanden ist. Die hinteren Räume werden schmaler und sind von mehreren Nebengelassen flankiert. In der Achse folgt gegen das hintere Ende meist ein noch besonders umhegter schmal-langer Raum mit einem Steinsockel für die Götterbarke, die dort abgestellt war und auch einen Kult empfing, weiter hinten dann der Speisetischraum, in dem die Mahlzeiten für das Kultbild aufgetragen wurden, und schließlich, als Ende des axialen Weges, der Raum mit dem Kultbild des Gottes selbst, das in einem steinernen oder hölzernen Naos stand, oft auch in beidem ineinander.

Seitliche Räume dienten dem Kult von „Gastgöttern", die durch ein ständiges Kultbild vertreten waren und ebenfalls das tägliche Ritual genossen, wobei die Anordnung der geographischen Lage ihres Haupttempels, also ihrer „Heimat", entsprach; in Oberägypten war Ptah oder Re nördlich, Chnum südlich untergebracht. Dem Sonnengott, der, als Sonne anwesend, kein Kultbild hatte, wurde das Opfer in einem ungedeckten Hof dargebracht. Weitere Räume werden durch ihre Texte oder Bilder als Salbenküche, Bibliothek, Weihrauchmagazin u. ä. ausgewiesen.

In der Regel (es gibt Ausnahmen, z. B. beim Luxortempel) steigt der Achsenweg derart an, daß jeder Hof und jeder Raum etwas höher liegt als der vorhergehende und über einige flache Stufen oder eine Rampe erreicht wird, so daß der Kultbildraum an der höchsten Stelle des Tempels steht. Gleichzeitig senkt sich die Decke, so daß die Räume niedriger werden und, da Fenster bzw. Lichtschlitze an Zahl und Größe abnehmen, auch dunkler. Das Gottesbild wohnt im Dunkel (vgl. I Könige 8, 12). Über die Bedeutung des ansteigenden Bodens wird gleich zu sprechen sein.

Zuvor sei noch erwähnt, daß in keinem größeren Tempel von einiger Bedeutung Wirtschaftsräume fehlen: Magazine für Opfergaben und vor allem für Tempelschätze, die in den Tempeln der griechisch-römischen Zeit nach den schlimmen Erfahrungen um die Mitte des letzten Jahrtausends v. Chr. in sog. Krypten unter dem Tempelpflaster, vor allem aber in schmalen Räumen innerhalb der dicken Mauern versteckt waren; Schlachthöfe und Anrichteräume, Kleiderkammern, Weihrauchdepots, Weinkeller dienten der Versorgung der Gottheit; auch über eigene Werkstätten, u. a. zur Bereitung des kostbaren und unentbehrlichen Weihrauchs, über Schreiberwerkstätten und Bibliotheken verfügten die Tempel. Außerhalb des Gotteshauses, aber innerhalb der Umfassungsmauer findet sich regelmäßig ein heiliger See, ebenso Priesterwohnungen und, zum Zweck der Reinigung, oft noch ein Brunnen mit Grundwasser, also einer Verbindung zum Nun. Angeschlossen war wohl jedem größeren Tempel noch ein „Lebenshaus", in dessen Räumen Zeichnungen und Texte archiviert waren, die auf Bau und Ausstattung von Tempeln, aber auch von Gräbern Bezug hatten. Diese „Lebenshäuser" tradierten technisches wie theologisches Wissen, indem sie zugleich als Schulen für den Priesternachwuchs dienten. Wir sehen: Die Tempel waren zunächst zweckmäßig für den Kult eingerichtet, waren eine „kultische Bühne", wie man treffend formuliert hat, wobei es auch an kleineren, oft pavillonartigen Gebäuden zum Absetzen des Gottesbildes und für Opfer während Prozessionen in die nähere Umgebung nicht gefehlt hat.

Soweit wir erkennen können, hat in der älteren Zeit Zweckmäßigkeit allein die Form der Architektur bestimmt. Im übrigen dürfte sie weitgehend einem Königspalast oder dem Wohnhaus eines vornehmen Herrn angepaßt gewesen sein. Erwähnt sei noch, daß der heutige Zustand dieser Bauten sehr stark von dem ursprünglichen abweicht, als sie noch gepflegt und intakt waren: Alle Räume waren durch Türen verschließbar, die Reliefs farbig bemalt, die großen Tore kostbar eingelegt, der Fußboden, wie Texte berichten, jedenfalls in der großen Säulenhalle, mit Silber bedeckt, der Vorhof mit Blumenbeeten und Bäumen bepflanzt. Archäologisch feststellbare Spuren werden ergänzt durch Texte und Abbildungen von wohlausgestatteten Tempeln.

Die Beschreibung führt zu einer symbolischen Ausdeutung des Tempels: Er gilt als Abbild der Welt. Die Pylontürme sind die beiden Berge, zwischen denen im Osten die Sonne aufgeht (obwohl die Tempel keineswegs alle nach Osten ausgerichtet sind, vielmehr meist senkrecht zum Nil stehen oder am Ende einer Prozessionsstraße, die von einem übergeordneten Tempel kommt wie in Luxor), die höchste Stelle des Fußbodens, die das Götterbild trägt, ist der Urhügel, von dem aus die Schöpfung erfolgt ist. Die Säulenhalle stellt den Sumpf dar, der bei der Entstehung der Welt aufsproß, wobei der axiale Weg oft (wie in Karnak) von höheren Säulen mit offenen Kapitellen sich als Gottes- und Königsweg gegenüber den Seitenhallen auszeichnet, weil hier die Welt durch die Gottesnähe weiter fortgeschritten ist. Das soeben erwähnte Silber des Fußbodens entspricht dem Wasser des Sumpfes. Eine solche Ausdeutung des Tempels und seiner Teile wird in jüngeren Epochen in immer feinere Details durchdacht, so daß sogar die Wasserspeier eine mythische Rolle zugewiesen bekamen: Löwen fangen das den Tempel bedrohende, von Seth stammende Wasser ab und „werfen es auf die Erde". Wie in diesem Fall erhalten die Bauteile seit dem Neuen Reich ihre Gestalt demnach nicht mehr ausschließlich durch ihre Funktion als kultische Bühne, sondern auch durch die Konzeption des Gebäudes als Mikrokosmos.

Hier ist ein Wort über die so typisch ägyptischen Pflanzensäulen einzuschieben. Man hat mit Recht gesagt, daß sie ihre Form nicht, wie die griechischen, aus dem Verhältnis Stütze und Last beziehen, sondern als freistehende Glieder, also ohne die Funktion, ein Dach zu tragen, gedacht sind. Tatsächlich ist die Verbindung des Kapitells mit den das Dach tragenden Architraven oft genug von unten nicht zu sehen, sie ist verdeckt von überragenden, weit ausladenden Kapitellen, und die Decke von Tempelräumen ist meist durch blaue Farbe mit gelben Sternen als Himmel gedeutet, also gewiß freischwebend zu verstehen. Die tragende Funktion der Säulen ist zwar eine technische Notwendigkeit, wird aber kaschiert und bleibt ohne Einfluß auf ihre Gestalt.

Wenn dem so ist, wird auch die Wahl der Pflanze, die der Säule ihre Gestalt geliehen hat (meist Papyrus, Lotos oder Palme), vielleicht auch die Wahl eines nichtvegetabilen abstrakten Vier- oder Vielkantpfeilers nicht nach ästhetischen Gesichtspunkten, sondern nach „symbolischen" erfolgt sein. Wenn auch das Verständnis dieser Gestaltungen bisher erst in Ansätzen gelungen ist, so schält sich doch die Richtigkeit des Ansatzes heraus. Die Palme z. B. dürfte einen mythischen Ort im Delta, die alte Kronenstadt Buto, bezeichnen, so daß, wo immer Palmsäulen auftauchen, eine Anspielung auf diesen in der frühen Religionsgeschichte so bedeutsamen Ort beabsichtigt wäre. Wie dem auch in Einzelheiten sei, wir dürfen ägyptische Tempel- (und Grab-)Säulen nicht so betrachten wie griechische oder mittelalterliche Säulen; ihre Form ist vielmehr für einen Kundigen symbolischer Hinweis für etwas dahinter Stehendes. Nach ägyptischer Überzeugung erfüllen sie diesen ihren Zweck, bestimmte mythische Orte oder Gegebenheiten zu realisieren, auch unabhängig von allen Betrachtern.

Leicht läßt sich der heilige See als Vergegenwärtigung des Nun verstehen, jenes Urgewässers aus der Zeit vor der Schöpfung, das allein mit seinem Naß auch nach der Schöpfung Leben vermitteln und ihm die ständig nötige Erneuerung zuführen kann. Der See dient der Reinigung, aber auch zu kleineren Ausfahrten des Gottes bei internen Prozessionen.

Das Kultbild Gottes stand, wie wir gesehen haben, auf der höchsten Stelle des Bodens. Sie entspricht dem Urhügel, von dem aus die Welt geschaffen worden ist (s. o. S. 50). Wenn die Gottheit auf diesem mit besonderer Kraft geladenen Stück Land ruht, so wird ihr auf diese Weise die Erfüllung einer der wichtigsten Funktionen des Tempels, die einer Neuschaffung gleichkommende Erhaltung und Belebung der Schöpfung jeden Tag, jeden Morgen ermöglicht. Von vielen Tempeln sagen die Texte ausdrücklich, daß sie eine Realisierung des Urhügels sind, daß also von ihnen besondere Schöpfungs- und Regenerationskräfte ausgehen.

Wie über die Symbolbedeutung der Architekturelemente, so läßt sich einiges auch über die Bedeutung der Verteilung der Reliefs auf die Tempelwände aussagen, ganz abgesehen davon, daß, wie oben (S. 77) schon bemerkt, Reden und Handlungen in der Regel in dem Raum, ja innerhalb des Raumes oft noch an der genauen Stelle stehen, wo sie auszuführen waren. Kämpfe mit Feinden oder mit wilden Tieren finden sich bei Tempeln ausschließlich auf den Außenwänden; sie stehen für die Lösung der einem jeden König neu gestellten Aufgabe, den von außen, dem Ausland oder der Wüste, ständig andringenden und die geordnete ägyptische Welt bedrohenden Feind der Ma'at zu besiegen und somit die Schöpfung zu erhalten. Das alte Symbol für diesen Akt ist das „Niederschlagen der Feinde", in dessen stereotypem Bild der König, weit ausschreitend, in älterer Zeit einen, später ein Bündel Feinde mit der hoch über das Haupt erhobenen Keule tötet. Dies Bild, das durchaus keine realen Handlungen wiedergibt, findet sich häufig auf der Außenseite von Pylonen[2]. Höchstens bis in den ersten Hof können noch in den Reliefs Feinde erscheinen, dann aber nur noch als Gefangene, die dem Gott zugeführt werden. Meist aber sehen wir dort Feste oder Kultszenen dargestellt, bei denen die Gottheit mit der Welt in Kontakt

[2] Vgl. dazu St. B. Shubert, in: The SSEA Journal 11, 1981, S. 159 ff.

tritt, während die inneren Räume ganz dem Verkehr zwischen König und Gott vorbehalten bleiben. Opferszenen bilden den weitaus größten Teil aller Tempelreliefs.

Es ist der Wissenschaft bisher erst gelungen, einem kleinen Teil der Verästelung dieses Gedankengebäudes zur mythischen Bestimmung der Tempelteile nachzutasten und das Alter solcher Konzeptionen, die vom Neuen Reich an die Formen eines Tempels mitbestimmt haben, festzulegen. Die Texte des Alten und Mittleren Reiches, ja weitgehend auch noch die des Neuen schweigen von solchen Mythologisierungen, und doch legt die sehr frühe Verwendung etwa der Pflanzensäulen den Verdacht nahe, daß wir es nicht nur mit Spekulationen erst des letzten vorchristlichen Jahrtausends zu tun haben.

Ungelöst ist, trotz mancher Bemühung in letzter Zeit, die Frage nach dem Sinn der Obelisken, die vor den Eingängen vieler größerer Tempel paarweise standen, granitene monolithe Nadeln, deren pyramidenförmige Spitze mit Gold oder Kupferblech beschlagen war. Sie waren als höchster Punkt der erste bei Sonnenaufgang beleuchtete Teil des Tempels und mögen dem Gedanken Ausdruck geben, daß der Sonnengott zuerst auf ihnen Platz nahm, also in den Tempel kam, bevor er das übrige Land erhellte. Warum sie dann aber stets paarweise auftreten (nur in einem einzigen Fall wurde in Karnak ein einzelner Obelisk in einem Tempel verehrt), bleibt offen, ebenso ihre Funktion bei Gräbern.

Der früheste nachweisbare Fall, wo eine mythische Vorstellung zweifellos die Architekturform bestimmt hat, ist ein Zwölfsäulensaal in Luxor, der, entgegen der normalen axialen Ausrichtung, quer zur nord-südlich laufenden Achse von Ost nach West ausgerichtet ist, damit die Sonne ihn auf ihrer täglichen Bahn durchziehe[3].

Vielleicht hätte die Frage, wie die Ägypter selbst einen Tempel mythologisch erklären, an den Anfang des Kapitels gestellt werden sollen. Daß sie erst hier auftaucht, hat seinen Grund darin, daß uns nur sehr späte Texte, solche aus griechischer, besonders aber aus

---

[3] H. Brunner, Die südlichen Räume des Tempels von Luxor, 1977, S. 79–82.

römischer Zeit von solchen Vorstellungen berichten, und solange wir keine älteren Belege dafür haben, können wir sie nicht ohne weiteres für pharaonisch halten. Jedenfalls erzählen diese „Gründungstexte"[4], daß aus dem Urmeer zunächst eine kleine Lehminsel auftauchte, auf die ein halbgöttliches, nicht näher bestimmtes Wesen ein vom Wasser angetriebenes Stück Schilfrohr eingesteckt habe. Auf diesen „Pfosten" ließ sich in der Dunkelheit, die damals noch herrschte, ein Falke nieder – schon in frühester und noch in spätester Zeit ist eines der Schriftzeichen für „Gott" dieser Falke auf der Stange[5]. Die heilige Stelle wurde dann zunächst mit einem einfachen Schilfzaun eingefriedet, um sie gegen die profane Welt abzugrenzen, und bei sinkendem Wasser gesellten sich neben und vor diesem „Allerheiligsten", dem eigentlichen Wohnraum des Gottes, andere Gelasse dazu. Nach diesem Bild liegt der Ort, an dem sich der Gott niedergelassen hat, höher als die übrige Welt, ebenso wie im ägyptischen Tempel der Platz für das Kultbild des Gottes. Von diesem heiligen Platz, der offensichtlich dem Gott genehm ist, erhoffen sich die Ägypter auch für die jeweilige Epoche seine Gegenwart und seine segnenden, d. h. vor allem fruchtbringenden und Leben erneuernden Kräfte, und deshalb wird der „Urhügel" in jedem Tempel realisiert.

Anders in Architektur und Bedeutung steht es um den Umgangstempel. Der um eine Cella führende Umgang ist nach außen offen, das Dach des Tempels wird von Pfeilern, gelegentlich auch von Säulen getragen. Bei kleineren Anlagen fehlt ein Innenbau ganz, und der Sockel, der zum Abstellen der Prozessionsbarke dient, ist sichtbar. Die Herkunft dieser lockeren, oft anmutigen Architektur ist offenkundig: Ihre Vorbilder aus leichtem Material, Holz, u. U. auch Schilfrohr, waren ephemere Hütten an Prozessionswegen, die nach dem Fest abgebaut werden konnten; später wurden sie ortsfest und dauerhaft in Stein umgesetzt, unter Beibehaltung der Architektur. Umgangstempel scheinen vorübergehend, nicht ständig ein Götterbild beherbergt zu haben. Sie standen innerhalb, aber auch außer-

[4] E. A. E. Reymond, The Mythical Origin of the Egyptian Temple, 1969.
[5] E. Hornung, EuV, S. 26 f.

halb der großen Umwallung der Tempel, an den Wegen, die die Prozession nahm. Dort wurde das Götterbild auf der Barke abgestellt, dort fanden Opferzeremonien statt.

Ein anderer Typ der Umgangstempel hat zwar die Bauweise mit den Prozessionstempeln gemeinsam, dient aber einem etwas anderen Zweck: der Geburt des Gotteskindes, wie sie in der Spätzeit gefeiert wurde. Ägyptische Frauen kamen nicht in der Wohnung, sondern in einer leichtgebauten Laube außerhalb des Hauses nieder, und eine solche „Wochenlaube", in Stein ausgeführt, stellen die Geburtshäuser, die sog. Mammisi, der Tempel in der Spätzeit dar. Auch dies Gebäude ist eine „kultische Bühne".

Der Mythos, der sich um Zeugung und Geburt des Königs der klassischen Zeit rankt (s. o. S. 72 f.), wird in dieser späten Zeit, da das Ansehen des Königtums verfallen war, auf Zeugung und Geburt eines Gotteskindes übertragen, also eines Kindes, bei dem Vater und Mutter Götter waren, und in Form eines rituellen Dramas in eben diesen Gebäuden aufgeführt. Sie liegen innerhalb der Tempelumwallung meist vor dem eigentlichen Tempelhaus und quer zu dessen Achse, doch gibt es Ausnahmen von dieser Regel (so in Philae). Die Reliefs an den Wänden bringen, ebenso wie die zugehörigen Texte, den alten Mythos in sinngemäßer Abwandlung und Erweiterung.

Die Umgangstempel gehören also in die Rubrik „kultische Bühne", die Symbolik tritt, wenn man von den Pflanzensäulen absieht, in ihrer Architektur zurück.

2. Tempelkult

Der Tempel ist in erster Linie das „Haus Gottes", seine Behausung, ein Gehäuse für das Kultbild, das beim Achsentempel, wie wir gesehen haben, am Ende eines geraden Weges innerhalb eines niederen und dunklen Gemaches in einem hölzernen oder granitenen Naos steht. Dies Kultbild hat die Gestalt der Gottheit und ist aus Edelmetall oder Stein, überlebensgroß, aber auch sehr viel kleiner – ist aber keineswegs „der Gott" selbst, vielmehr ein Leib, den Gott bewohnen kann, ein Angebot.

Die *Götterbilder* haben verschiedene Gestalt, je nachdem, wie sie sich der Gott, für den sie hergestellt werden, wünscht. In einem Schöpfungstext heißt es: „Er (in diesem Falle wird Ptah als Welt-schöpfer gepriesen) machte ihre Körper nach ihren Wünschen, und so traten die Götter ein in ihre Leiber aus allerlei Holz, allerlei Stei-nen, allerlei Tonerden" [6]. Diesen Schöpfungen des Ptah eifern nun die Künstler nach und schaffen hinfort nach den Urbildern die Kultstatuen so, daß sie den Göttern gefallen, daß sie sich in ihnen wiedererkennen und sie bewohnen. Dabei spielt die Verschiedenheit ihrer Gestalt (als Ausdruck ihres Wesens, s. o. S. 30 f.) eine entschei-dende Rolle für die Verschiedenheit ihrer Statuen. Die Aussagen darüber, daß das Kultbild nicht mit dem Gott identisch ist, lassen an Deutlichkeit nichts zu wünschen übrig: „Seine Seele (Ba) steigt vom Himmel auf sein irdisches Kultbild herab, Seine Majestät läßt sich auf seine Statue nieder, um dies Land zu ordnen, so daß es ist, wie es sein soll" [7].

Was für die Kultstatuen gilt, trifft, wenn auch in geringerem Maße, für die Tempelreliefs zu. Auch sie müssen genau und den Göttern gefällig geformt sein, dann „kommt der Gott als Ba, um sich mit seiner Gestalt im Heiligtum zu vereinigen. Er kommt vom Himmel geflogen als Sperber mit glänzendem Gefieder . . . Er schwebt als Falke zu seinem Gemach. Er sieht seine geheime Gestalt an ihren Platz gemalt, seine Figur auf die Mauer graviert; da tritt er ein in seine geheime Gestalt und läßt sich nieder auf sein Bild". Das also ist die eine Aufgabe des Tempels, nämlich die Gottheit zu veran-lassen, in ihrem Haus zu wohnen und dabei sowohl dem Lande ihren Segen zu spenden, „es zu ordnen", wie Gebete zu hören.

Doch ist es mit der Bereitstellung von Kultstatue und Reliefbil-dern nicht getan – die Gottheit muß wie ein König bedient werden, es muß das einsetzen, was die Wissenschaft „Kultbildpflege" nennt. Der Gott wird am Morgen mit einem seit grauer Vorzeit feststehen-den Hymnus geweckt, der über Nacht verschlossene versiegelte Schrein wird geöffnet, am Kultbild wird eine Toilette vorgenom-

---

[6] Denkmal memphit. Theologie Z. 60.
[7] Inschrift Esna 284, 5, ähnlich sehr oft.

men, die Kleider werden gewechselt, dem Gott wird geräuchert, er wird gesalbt und gespeist. Das *Ritual,* das seit dem Neuen Reich täglich in allen ägyptischen Heiligtümern mit nur geringen Varianten vollzogen wird, ist auf den Wänden mehrerer Tempel sowie auf Papyri erhalten und belehrt uns über die Handlungen und die sie begleitenden Worte des amtierenden Priesters, der, nachdem in der Theorie nur der König zum Verkehr mit den Göttern berechtigt ist, als Delegierter handelt.

Er trägt bei seinem Dienst königliches Ornat oder erklärt ausdrücklich, daß er vom König mit diesem Dienst beauftragt sei oder versichert in anderen Szenen, er sei der König selbst. In vielen Akten (in Abydos ist nur eine Auswahl von 36 Szenen dargestellt; sie wird ergänzt durch Reliefs anderer Tempel und die Papyri) wickelt sich dann das Ritual der Kultbildpflege ab, vom Herantreten an den Schrein bei Sonnenaufgang, dem zeremoniellen Öffnen der Doppelflügeltür, immer wieder unterbrochen von Weihrauch- und Wasserspenden, die der „Reinigung" dienen, mit Neubekleidung und Versorgung mit Lebensmitteln, ständig begleitet von Hymnen und Gebeten bis zum erneuten Verschließen des Naos (zum Schutze des Gottes) und dem Verlassen des Raumes mit rückwärts gewandtem Gesicht unter Verwischen der Fußspuren[8].

Sowohl bei Festen als auch im täglichen Tempeldienst spielen Lampen eine Rolle, deren Anzünden, aber auch Löschen rituell geschieht – wir wissen leider nicht, zu welcher Tages- oder Nachtzeit und wie lange sie zu brennen hatten. In der Spätzeit scheint die Bedeutung dieser Lichter zuzunehmen[9].

Voraussetzung für jede Kulthandlung im Tempel ist *Reinheit:* Füße, Hände und Gesicht werden gewaschen, und zwar im „Nun", dem regenerierenden Urgewässer, als welches der heilige See oder ein Brunnen im Tempel fungierte[10], der Mund wird gespült. Tem-

---

[8] Zuletzt diskutiert von R. David, A Guide to the Religious Ritual at Abydos, 1981; dort ausführliche Literaturangaben.

[9] H. H. Nelson, in: Journ. of Near Eastern Studies 8, 1949, S. 321 ff. und A. Leaha, in: GM Nr. 49, 1981, S. 37 ff.

[10] Vgl. S. Schott, Die Reinigung Pharaos in einem memphitischen Tem-

pelbesucher, also hochgestellte Persönlichkeiten, die aus besonderen Anlässen in die vorderen Gemächer zugelassen waren, legten wie die Priester vor Betreten des heiligen Bodens Schuhe an. Der Sinn ist der gleiche wie das Schuhausziehen des Mose vor dem brennenden Busch (Ex 3, 5) oder des Moslems in Moscheen: Der Staub der profanen Welt, der besonders an Füßen bzw. Schuhen haftet, soll nicht den Boden des Heiligtums verunreinigen. Die Reinigungszeremonien in Ägypten sind vielfältig und umständlich. Doch ist auch die äußere Reinheit nur ein Zeichen innerer Sauberkeit: Vor dem Betreten der geweihten Räume hat der Priester zu versichern, daß er diese und jene Sünde nicht begangen habe, wobei, wie im Alten Testament, ethische und kultische Vergehen ungetrennt genannt werden [11].

Einen auch für die allgemeine Religionsgeschichte bedeutsamen Aufschluß vermittelt uns das in Wort und Bild überlieferte Formular des täglichen Gottesdienstes über das Verhältnis der Ritualhandlungen zum *Mythos*. Der Ablauf der Akte wird unzweifelhaft bestimmt von den für die Pflege des Kultbildes nötigen Handlungen, während die dabei gesprochenen Worte teils diese Handlungen nüchtern erläutern, so etwa, wenn der Offiziant zum Gott sagt, indem er ihm ein weißes Gewand umlegt: „Empfange dies dein Kleid, empfange diese Schönheit, empfange dein Gewand!", teils aber auch solche einfachen Handlungen mythisch interpretieren: „Empfange dies weiße Auge des Horus, das aus Necheb (Elkab, der Stadt der weißen Geiergöttin) hervorgegangen ist, damit du in ihm erglänzest". Der „Spruch für das Zurückziehen des Riegels" lautet: „Der Finger des Seth ist aus dem Auge des Horus gezogen", wodurch im ersten Fall das weiße Göttergewand mit der weißen Geiergöttin Nechbet, im zweiten der Riegel mit dem Finger des Seth, der im Zweikampf das Horusauge verletzt hat, gleichgesetzt wird. Durch das Herausziehen des Riegels = Fingers wird zugleich dem verletzten Horusauge

---

pel, Nachr. d. Akad. d. Wiss. Göttingen 1957, Nr. 3, bes. S. 80–84. – Zum Nun z. B. Urk. III 38, 1.

[11] Aus dieser Reinheitsversicherung ist die sog. negative Konfession des 125. Spruches des Totenbuches entstanden, s. S. 132.

eine Wohltat erwiesen. Jedoch ergaben diese mythologischen An-spielungen keineswegs einen zusammenhängenden Mythos, der irgendwie den Gang der Handlung beeinflußt hätte, vielmehr wird nur jeweils der einzelne Akt isoliert mythisch gedeutet. Kein Zwei-fel: Die Ritualhandlung ist das Primäre, die Ausdeutung bleibt sekundär. Anders steht es bei den Festen, von denen gleich zu be-richten sein wird. Hier ist oft genug die von dem Gott erzählte Geschichte das Seil, an dem die Ritualhandlungen entlanggeführt werden, besonders deutlich bei den „Spielen" um die Auferstehung des Osiris in Abydos (s. S. 92 f.).

Findet der Dienst am Kultbild unter Ausschluß der Öffentlichkeit im geheimsten und dunkelsten, auch niedrigsten Raum des Tempels statt und wird er nur von den oberen Priesterrängen in Vertretung des Königs ausgeübt, so dient er doch dem ganzen Land, indem er, wie schon gesagt, die Gottheit veranlassen soll, in ihrem Hause zu weilen, dabei ihren Segen dem Lande mitzuteilen und für Gebete an-sprechbar zu sein. Die Einwohner des Landes lebten im Bewußtsein, daß von Staats wegen in den Tempeln der Kult für sie und zu ihrem Besten vollzogen wurde, auch wenn sie gewiß weniger von diesen Vorgängen wußten als wir heute.

Freilich geschah auch hinter den die Öffentlichkeit ausschließen-den Toren nicht alles in diesem radikal einsamen Umgang mit dem Kultbild. Tempelhymnen, die uns im Wortlaut in größerer Zahl überliefert sind, fordern in einer Art Refrain eine Gruppe von Men-schen, ja sogar „Menschen und Volk" oder gar „alle Menschen, die da existieren" auf, in das Lob der Gottheit einzustimmen. Zwar dür-fen wir daraus nicht etwa schließen, daß solche Gesänge öffentlich angestimmt wurden, müssen uns vielmehr vorstellen, daß der Prie-ster die Eigenschaften und die Macht des Herrn des Tempels in tra-dierter Diktion hymnisch besang und ihm der Tempelchor respon-dierte. Dieser bestand weitgehend aus „Laien", vorwiegend aus Mädchen und Frauen der Stadt; der Titel einer „Sängerin des Amun" fehlt im Theben des Neuen Reiches bei kaum einer Dame und ist ähnlich auch aus anderen Städten wohlbekannt. Auch Männerchöre, gelegentlich von Blinden, sind belegt. Diese Gruppen repräsentieren das Volk im täglichen oder jedenfalls im festlichen Tempelritual.

Bei den großen Tempeln ergeben sich somit drei Zonen: Der innerste Bezirk bleibt der Gottheit vorbehalten und einigen wenigen „Gottesdienern" zur Pflege und Versorgung des Kultbildes; davor liegt der „Vorhof", der außer dem ummauerten Hof vor der Säulenhalle noch einen gewissen Bereich vor dem Pylon umfaßt, mit Gartenanlage und Altären versehen ist und der von privilegierten „Laien", bei Festen von einer größeren Zahl, betreten werden darf und wo zahlreiche Opferhandlungen stattfinden, und schließlich einen Bereich vor der Umwallung, der allen Betern offenstand. Bei den privat, oft von einer Kultgemeinde errichteten kleineren Heiligtümern war der Vorhof allen Angehörigen der Gemeinde geöffnet: Dort konnte jedermann u. U. täglich Wasser für den Gott spenden und beten.

Ganz anders nun die *Feste,* von denen sich die kleineren zwar auch im wesentlichen innerhalb der Tempelmauern und somit unter dem Tempelpersonal abspielten, die großen, meist jährlich einmal gefeierten jedoch eine große Volksmasse einbezogen, und keineswegs nur aus der Stadt des Gottes, sondern aus der weiteren Umgebung, ja bei den berühmtesten wohl aus ganz Ägypten. Männer und Frauen, die es sich finanziell und der Zeit nach leisten konnten, strömten herzu. Hohe Beamte und Offiziere, Priester aller Ränge, Tempelpersonal wie Hirten und Metzger, Sänger und Sängerinnen, Tänzerinnen; Soldaten aus Ägypten, Libyen und dem Sudan, Bürger und Bauern – alles war bei den großen Festen auf den Beinen. Die Inschriften der Tempel oder gelegentlich auch von Teilnehmern berichten über den offiziellen Ablauf der Feste, ihre Opfergaben, die Prozessionswege (denn stets verließ der Gott seinen Tempel in einer hölzernen Barke, von Priestern auf der Schulter getragen), über die Hymnen der Sänger und u. U. noch über die theologische Bedeutung der Vorgänge. Hätten wir aber nicht die Berichte des griechischen Augenzeugen Herodot, wir könnten uns dennoch nur ein schwaches Bild von dem Trubel und dem wirklichen Geschehen bei solchen Festen machen. Nur gelegentlich wird, wie in der hohen Halle des Luxortempels, das Treiben bei solchen Prozessionen im Bilde gezeigt. Neben der Möglichkeit, beliebig viel essen und vor allem trinken zu können (Getränke wurden in Buden entlang dem Prozessionsweg dargeboten) lockte auch die Nähe des sonst distanzierten Gottes, den zwar auch auf seiner Prozession niemand sehen durfte, da sein Bild verhangen blieb, dem man aber persönliche Anliegen vortragen oder Orakelfragen stellen konnte (s. S. 118 ff.).

An solchen Festen mangelte es nicht. Manche waren mit den Mythen des feiernden Gottes verbunden, oft war ihr Höhepunkt sein Besuch in einem anderen Tempel, bei einem benachbarten oder verwandten Gott. Die vorderen Räume des Tempels, besonders der „Hof der Menge", waren dann zugänglich – ob für jedermann, wissen wir nicht. Auch die Tore zum eigentlichen Tempelhaus öffneten sich, freilich nur, um den Gott mit seinen Dienern herauszulassen. Teils wurde er die ganze Prozessionsstrecke getragen, teils bestieg er ein Schiff, um den Nil zu überqueren oder weiter entfernte, ja auch nahe gelegene Tempel auf dem Wasserweg zu besuchen. Außer solch großen Festen, von denen wir drei näher betrachten werden, gab es zahlreiche Lokalfeste, bei denen ebenfalls der Gott herauskam aus seinem Tempelchen oder seiner Kapelle. Bei anderen Feiern, die sich hinter geschlossenen Tempeltoren abspielten, blieb die Bevölkerung unbeteiligt, es waren reine Opferfeste. Während der öffentlichen Feste ruhte die Arbeit [12]. Arbeitsfrei waren – abgesehen von ein oder zwei festunabhängigen Tagen in jeder Dekade – in einer uns gut bekannten Arbeitersiedlung in Theben 43–45 Tage im Jahr. Von der Rolle dieser religiösen Feiertage im Leben des Volkes wird später, in Kap. V, die Rede sein.

Das für das ganze Land bedeutendste Fest, das auch über einen langen Zeitraum gefeiert wurde, waren die Vorgänge um die *Auferstehung des Osiris* in Abydos. Sosehr sich auch das Ritual im Laufe der Zeit gewandelt hat – der Kern des Ritus war der mythische Vorgang vom Auffinden des toten Gottes, von seiner Wiederbelebung und seiner triumphalen Rückkehr in seinen Tempel. Es ist ein Zeichen für hohe Abstraktion des Vorgangs im Mittleren Reich, daß der

---

[12] Zu diesen Fragen s. W. Helck, Feiertage und Arbeitstage in der Ramessidenzeit, in: Journ. of Economic and Social History of the Orient 7/2, 1964, S. 136–166.

Gott nicht durch einen Menschen, nicht einmal durch eine menschengestaltige Statue, sondern durch sein Symbol, ein kuppelförmiges Gebilde auf einer Stange, vertreten war und „mitspielte" [13]. Daß das Volk bei diesen Vorgängen wenigstens teilweise beteiligt war (das eigentliche Mysterium der Wiedererweckung spielte sich gewiß im Verborgenen ab), davon zeugen die Inschriften von „Laien", die von ihrer Teilnahme berichten, auch von den Kämpfen um die Leiche des Gottes zwischen seinen Anhängern und den Anhängern des Mörders Seth, wobei die Berichtenden stets auf der „guten" Seite gestanden haben. Nur mit Mühe läßt sich die Abfolge der Ereignisse dieses Fest-„Spiels" rekonstruieren, die Topographie bleibt unklar, und das vor allem, weil es sich um geheime Vorgänge handelt, ist doch ein Gottesmord etwas, wovon man nicht spricht, schon um ihm nicht durch das Aussprechen gegenwärtige Realität zu verleihen, ihn etwa zu „berufen". Aber auch die Auferstehung ist als heiliger Vorgang jeder Redseligkeit feind. Da auch Darstellungen fehlen, bleibt uns dies wichtige Fest schattenhaft.

Anders steht es um die beiden wichtigsten Feste von Theben, von denen Texte wie Darstellungen Kunde geben: *Das schöne Fest vom Wüstental* und das Opet-Fest. Bei dem ersten dieser beiden großen Ereignisse der Hauptstadt zog der Gott Amun aus dem Karnaktempel zunächst zur Uferstelle, von dort in einem Prachtschiff gerade über den Nil zu der Stätte, die auf ägyptisch „die gegenüber ihrem Herrn" heißt. Heute kennen wir dies Wüstental als „Der el-bahri" (d. h. nördliches Kloster, nach einer in den Terrassentempel eingebauten koptischen Anlage), wo seit alters die Göttin Hathor in Gestalt einer Wildkuh verehrt wurde.

Diese Überfahrt des Gottes ist schon aus den Kritzeleien wartender Priester des 11. Dynastie-Tempels von Der el-bahri bekannt. Am ersten Tag der Sommer-Jahreszeit stiegen sie im Auftrag ihres Tempels 110 m hoch auf einem schmalen Pfad den Berg hinan, bis sie auf einer kleinen Plattform einen guten Blick über den Nil auf den Karnaktempel hatten. Dort warteten sie, bis sie den Gott genau gegenüber aus dem Tor des Tempels kommen und in das bereit-

<hr>

[13] Vgl. dazu R. Anthes (s. o. Anm. 10 zu Kap. II, S. 59), S. 15–49.

stehende Schiff getragen sahen – und meldeten das Kommen nach unten, wo sich dann wohl die Empfangsprozession zur westlichen Uferlandestelle in Bewegung setzte. Die Zeit des Wartens verbrachten sie damit, ihre Namen, in einem Fall eben auch den Grund ihres Aufenthaltes dort oben, in meist ungelenken Zeichen in den Felsen zu kratzen[14].

Über das weitere Geschehen bei diesem Fest sind wir erst aus dem Neuen Reich, dann allerdings recht genau, informiert. Damals stand der berühmte Tempel der Hatschepsut mit seinen Terrassen zur Aufnahme des Gottes bereit. Begleitet von seiner Priesterschaft und dem Tempelchor, den Mädchen und Damen aus Theben-Ost bildeten, zog der Gott, in einer tragbaren Barke auf den Schultern von Priestern, den langen Aufweg herauf vom Westufer zunächst zum Taltempel, dann zu einem Stationstempel und schließlich in den innersten, im Felsen liegenden Raum des Tempels selbst, wo die Barke auf einen Sockel abgestellt wurde. Um ihn standen vier Götterfiguren, deren Fackeln während der Nacht die Dunkelheit mit ihren Gefahren vertrieben. Sobald am Morgen der erste Sonnenstrahl in das nach Osten ausgerichtete Heiligtum fiel, löschten Priester diese Fackeln in vier bereitgestellten Becken mit Milch. Die Rückkehr des Amun in seinen Tempel auf dem Ostufer wird nicht geschildert.

Doch damit erschöpfte sich das Talfest durchaus nicht, es bezog auch die Toten der Westseite und ihre Angehörigen mit ein. Der ganze westliche Berghang ist noch heute von Gräbern durchlöchert; jedes Grab hatte einen Vorhof, von dem eine verschließbare und in der Regel verschlossene Tür in die eigentliche Grabhöhle führte.

In dieser thebanischen Nekropole herrschte schon vor Beginn des Talfestes reges Leben: Matten und Stühle, vor allem aber Getränke und Eßwaren wurden aus der Stadt Theben-Ost dorthin über den Nil gefahren, um das Fest vorzubereiten, und am Tag des Festes selbst kamen die Angehörigen der Verstorbenen, um diese in ihren Gräbern zu besuchen, ja mancher mag sein eigenes, mit viel Auf-

---

[14] H. E. Winlock, The Rise and Fall of the Middle Kingdom in Thebes, 1947, S. 78 ff.

wand und Liebe vorbereitetes Grab zum Feiern gewählt haben. Dort wurde dann die Nacht über gefeiert, der Vorplatz war erleuchtet, und jede Familie strebte danach, eine der Sängerinnen, Musikantinnen oder Tänzerinnen vom Amuntempel zur Unterhaltung der Gäste anzuwerben. Es muß ein überwältigendes Bild gewesen sein, wenn die Hunderte von Gräbern am Berghang beleuchtet waren und die Nekropole lebte. Am nächsten Morgen versank mit den ersten Sonnenstrahlen alles wieder in das Schweigen des Friedhofes, und das Leben zog sich auf die Ostseite des Nils zurück.

Das zweite große, im früheren Neuen Reich ebenfalls einmal im Jahr, dann aber über 11, in der 20. Dynastie sogar 27 Tage lang gefeierte Fest war das *Opetfest,* bei dem Amun von Karnak zusammen mit seiner Gemahlin Mut und beider Sohn Chons den Luxortempel besuchte. Auch diese kurze Strecke nilaufwärts fuhr der Gott auf einem Prunkschiff, das man einen „schwimmenden Tempel" genannt hat und das auf der Ostseite des 3. Pylons von Karnak abgebildet ist. Eine bunte Volksmenge begleitete am Ufer die Fahrt. Soldaten tanzten mit Klappern und Waffen, spärlich bekleidete Mädchen führten akrobatische Tänze mit erotischen Reizen aus, Buden mit Getränken luden entlang der Straße zum Vergnügen ein. Die drei Karnak-Götter verbrachten die Zeit des Festes im Luxor-Tempel, danach wurde die Rückfahrt ebenso gefeiert wie der Zug nach Süden. Die Reliefs Tut-anch-Amuns auf den beiden Wänden der hohen Säulenhalle im Luxortempel vermitteln uns, obwohl ihr oberer Teil fehlt, ein anschauliches Bild dieses Festes, nach dem bis in christliche Zeit ein Monat benannt blieb.

Auch sonst fehlte es an Festen durchaus nicht; aus dem Neuen Reich wissen wir auf Grund der Fundlage besonders gut und fast ausschließlich über Theben Bescheid. Neben diesen beiden knapp geschilderten großen und allgemeinen Festen gab es viele kleinere, bei denen Götter einzelner Stadtbezirke oder der auf dem Westufer wohnenden Nekropolenarbeiter Prozessionen veranstalteten – willkommener Grund für die Arbeiter, ihren sonst acht Tage währenden Wochendienst zu unterbrechen. Den Lohnlisten können wir die Feiertage entnehmen, da sie den Grund für den Fortfall der Löhnung nennen.

Die Feste variieren von Tempel zu Tempel. Genaueres wissen wir für das Land außerhalb von Theben erst aus der späten Zeit, als solche Feste in den ausführlichen Inschriften der Tempel beschrieben werden, freilich nicht vom Blickwinkel des Volkes aus, sondern aus der Sicht der Priester und ihrer Theologie. Aus etwas früherer Zeit steht uns aber, diese Einseitigkeit ein wenig aufhebend, der Bericht Herodots über Feste im Delta zur Verfügung[15].

In dieser Zeit der Mitte des letzten Jahrtausends v. Chr. trafen die Teilnehmer aus allen Teilen Ägyptens in der Feststadt zusammen. Während die heiligen Handlungen im wesentlichen nur Opferdarbringungen waren, feierte das Volk in ausgelassenster Weise – bei dem Fest in *Bubastis,* sagt Herodot, sei mehr Wein verbraucht worden als im ganzen übrigen Jahr. Abgesehen von solch menschlichen Zügen ist der Bericht aber spröde, verrät nichts über den theologischen Gehalt des Festes.

Anders bei einem Fest in *Papremis,* wo Herodot von einem auf einen Mythos zurückgehenden rituellen Kampf berichtet, bei dem das Volk beteiligt war. Einem Gott wird der Eintritt in das Heiligtum seiner Mutter von deren Priestern, die den lange abwesenden Gott nicht mehr erkennen, zunächst verwehrt; dann aber wird er von seinen Anhängern mit Gewalt erzwungen. Den dem Fest zugrundeliegenden Mythos kennen wir aus ägyptischen Quellen nicht.

Mannigfaltig sind die zahlreichen ägyptischen Feste, teils überregional, teils lokal begrenzt, je nach der Bedeutung der feiernden Gottheit, immer aber mit einer Prozession und mit Opfern verbunden. Das dem Fest zugrundeliegende Ereignis kann mythologisch, jahreszeitlich gebunden (Erntedankfest) oder auch politisch begründet sein. Größere Feste dauern viele Tage, wobei allerdings nicht alle Tage arbeitsfrei sind, zumal viele Riten ausschließlich in den Tempeln, also ohne eine Öffentlichkeit stattfinden.

Die langen Inschriften der Tempel der griechisch-römischen Zeit verraten viele Einzelheiten der großen Feste, sowohl von dem, was außerhalb der Tempel, also in der Öffentlichkeit, stattfand, als auch von den Vorgängen im Tempel, an denen das Volk keinen Anteil

[15] II 58–64.

hatte. Besonders wichtig scheint damals die „Vereinigung des Gottes mit der Sonne" gewesen zu sein. Dabei wird das Kultbild ins Freie getragen, sei es in einen Hof, sei es auf das Tempeldach, damit die Sonne es bescheinen und ihm so neue Kräfte zuführen könne. In Dendera z. B. wurde das Bild der Hathor am Abend vor dem Neujahrsfest aufs Dach gebracht, das gegen Einblicke von außen durch eine 4 m hohe Mauer geschützt ist; dort ruhte es in einem kleinen, sehr zierlichen Kiosk, um am ersten Morgen des neuen Jahres den ersten Sonnenstrahlen ausgesetzt zu sein. Der Ba der Göttin kommt mit den Strahlen vom Himmel herab und vereinigt sich mit ihrem Ka, wodurch ihre Anwesenheit im Tempel und damit in der Menschenwelt für das Jahr gewährleistet wird. Dieses in der Spätzeit zentrale Ritual wird so oder ähnlich in allen Tempeln des Landes vollzogen und fand ohne Anwesenheit des Volkes in völliger Abgeschiedenheit statt, doch nahm die Bevölkerung dadurch intensiven Anteil am Geschehen, daß sie das segensreiche Ereignis durch ein ausgelassenes Fest unter sich mit Tanz und Musik feierte.

Wieder ziehen die Prozessionen zu anderen Göttern oder auf die Felder, um ihnen Fruchtbarkeit zuzuteilen. Auch diese Feste nehmen auf die Eigenart der jeweiligen Gottheit Bezug: In Esna, wo Chnum verehrt wird, jener Gott, der eines Menschen Leib vor der Geburt aus Lehm formt, spielt die Töpferscheibe eine besondere Rolle; in Edfu, wo der kriegerische Falkengott zu Hause ist, steht der Kampf im Mittelpunkt, den ein „Drama" in vielen Akten mimisch darstellt. Er wird begleitet von den Reden der Akteure und eines Sprechers, besonders aber von erläuternden und aufmunternden Chören. (In Liverpool haben vor einigen Jahren Studenten unter Anleitung des dortigen Ägyptologen Fairman mit großem Erfolg eine Aufführung des Dramas inszeniert[16].)

Zum Schluß dieser knappen Betrachtung des hochkomplizierten und in vielen Einzelheiten ausgebauten, genau durchdachten Kultes

---

[16] H. W. Fairman, The Triumph of Horus. An Ancient Egyptian Sacred Drama, 1974.

sei die Frage nach seinem Sinn gestellt. Welche Hoffnungen haben die Ägypter mit der Wahrnehmung dieser Aufgabe, der ein großer Teil des Volksvermögens gewidmet war, verbunden?

Daß Gott Macht ist, Macht, die zerstörend oder segensreich wirken kann, ist eine Grundauffassung des Götterglaubens, ja jeder theistischen Religion überhaupt. Diese Macht zu besänftigen, Gott zu versöhnen, in Ägypten auch: seinen Zorn über die ständige Verletzung seines Willens, der Ma'at, zu stillen, das ist die eine Aufgabe des Kultes. Wird diese zentrale Pflicht der Gesellschaft, d. h. in Ägypten des Königs, vernachlässigt, wie es zur Zeit des Häretikers Echnaton geschehen ist, so „kehren die Götter dem Lande den Rücken . . .“ (s. o. S. 43).

Befriedung, Versöhnung der Gottheit bedeutet also zugleich, sie im Lande zu halten, wo sie für Gebete zugänglich ist, wo ihr Segen Fruchtbarkeit für Feld, Tier und Mensch bedeutet, wo sie, mit einem Wort, die Schöpfung erhalten und fortsetzen kann. Denn, und das ist ein zentraler Gedanke: Die Welt, die geschaffene Welt, ist ständig bedroht. Die Kräfte der ungeschaffenen Welt, des Chaos, sind nur in ihre Grenzen gewiesen, aber sie bestehen fort, müssen sogar fortbestehen, denn das Leben kann sich nur mit Hilfe dieser Chaos-Mächte aus der Tiefe erneuern. Die Welt wird auf diese Weise in Gang gehalten.

Bei der Frage nach den Hilfsmitteln stehen zwei Auffassungen neben-, ja gegeneinander, auch im pharaonischen Ägypten: Die eine, die magische, glaubt und hofft, den Fortgang durch exakte Ausführung der tradierten Riten bewirken zu können, so, wie man eine Maschine in Gang halten kann, wenn man für ausreichende Energiezufuhr sorgt und bei Pannen eingreift. Das ist die Haltung der Früh- und der Spätzeit. In der klassischen Zeit dagegen kommt der freie Wille der Gottheit ins Spiel. Der Mensch vermag keinen Automatismus zwischen seiner Handlung im Tempel und dem Fortbestand der Welt zu sehen, glaubt vielmehr Gott nur veranlassen zu können, die Welt zu erhalten. Die Versöhnung Gottes, seine Wohlstimmung erreicht man durch den Kult, aber auch durch rechtes Verhalten (sowohl ethisch wie kultisch), durch richtiges Funktionieren des Staates, also durch genaue Steuerzahlung oder Arbeits- und Kriegsdienst und Erfüllung der beruflichen Aufgaben, durch Einhalten des Rechtes usw. kurz, auf Ägyptisch: durch Tun der Ma'at.

Stets waren sich die Ägypter der Gefährdung der Welt bewußt, zumindest nach dem Zusammenbruch des Alten Reiches. Teils ereignen sich diese Krisen periodisch, etwa durch Sonnenuntergang und Nacht, durch das Ende eines Jahres, teils werden sie durch Angriffe von Feinden auf das Land hervorgerufen; auch zu niedrige Überschwemmung mit Mißernten stellt eine derartige Krise dar. In jedem Fall ist der Gottesdienst ein Mittel, solche Bedrohung zu überwinden – ob nun über die Wohlstimmung der Gottheit durch Kult und rechtes Verhalten oder durch magische Mittel, wie sie die griechisch-römische Zeit bei weitem bevorzugte[17].

Wenn wir auch betont haben, daß der Kult, das Geschehen im Tempel, hinter verschlossenen Toren und hohen Mauern unter Ausschluß der Öffentlichkeit stattfand, so gibt es doch einige Verbindung zwischen den Bereichen des fanum und des profanum: Vor allem die oben erwähnten Feste, bei denen der Gott zwar nicht sichtbar, aber doch ansprechbar wurde und – jedenfalls vom Neuen Reich an – Orakel erteilte. Nicht nur bei Festen, aber dann besonders, gelangten Dinge, die durch die Nähe des Gottes heilig geworden waren, in die Hände der Menschen und wurden, wie gesegnete Osterbrote in der Ostkirche oder bei den Kopten, ins Haus genommen; so abgelegte Kleider des Kultbildes[18] oder Sträuße vom Opfertisch des Gottes. Niemals gab es einen Gegensatz zwischen der im nächsten Kapitel zu schildernden persönlichen Frömmigkeit und dem Staatskult – es ist, auch im Bewußtsein des Frommen, derselbe Gott, der Gebete erhört und der im Tempel verehrt wird; Graffiti auf den Außenwänden der Tempel, Beterspuren auf den Dächern

---

[17] S. dazu E. Graefe, König und Gott als Garanten der Zukunft, in: Aspekte der spätägyptischen Religion, Göttinger Orientforschungen IV/9, 1979, S. 47 ff.

[18] A. de Buck, The Egyptian Coffin Texts I, 1935, 258 f.; Theban. Grab Nr. 65; N. de Garis Davies, The Tomb of Neferhotep, 1932, Taf. 36, Z. 18 f.; Urk. IV 112, 4.

oder dem Pflaster des Vorhofs, Figuren auf den Toren sind Zeugen für diese enge Verklammerung.

Im Anschluß an den durch und durch ritualisierten Kult in Ägypten sei hier ein Exkurs über das Phänomen der *Magie* eingeschaltet, jenes der Religion nahestehenden Phänomens, das uns heute so gut wie gar nicht mehr zugänglich ist. Wir wollen darunter Handlungen oder Reden (oder, wie meist, beides kombiniert) verstehen, die nach Auffassung des magischen Menschen zwangsläufig Folgen in der sichtbaren oder unsichtbaren Welt haben, die (wir können nicht anders als negativ formulieren) nach unserer Meinung nicht als Folge der Handlung eintreten können, also „irrational" sind. Ohne hier auf die Technik magischer Handlungen einzugehen, können wir nur feststellen, daß Magie im Alten Ägypten weit verbreitet war, ja sogar bei der Ermordung Ramses' III. gerichtsnotorisch eine Rolle gespielt hat. Im Alten und Mittleren Reich scheinen magische Praktiken zur Vernichtung von inneren und äußeren Feinden des Staates von Amts wegen angewendet worden zu sein, indem tönerne Menschenfiguren oder Teller, mit dem Namen dieser Feinde beschriftet, zerschlagen wurden, zweifellos unter Rezitieren von Sprüchen (sog. „Ächtungstexte")[19].

Der Tempelkult ist im Prinzip deshalb nicht magisch, weil die Gottheit nicht gezwungen wird, sondern aufgefordert, gebeten; wieweit freilich das Verständnis der einzelnen Volksschichten eine solche Unterscheidung nachvollzog, bleibt uns verborgen. In der Spätzeit jedenfalls überwiegen magische Praktiken, etwa Zaubersprüche und Amulette, nicht nur bei der Bevölkerung, sondern auch im Tempeldienst, wo beispielsweise die Götterstatue durch zahllose Amulette geschützt wird.

Wenn wir heute gelegentlich meinen, feststellen zu können, daß die Magie ein Parasit der altägyptischen Religion war und sie schließ-

---

[19] Zuletzt A. M. Abu Bakr und J. Osing, Ächtungstexte des Alten Reiches, in: MDAIK 19, 1973, S. 97 ff. mit Literatur; zu plastischen Figuren aus Stein, die wohl ähnlicher Verwendung gedient haben, s. J. Ph. Lauer und J. Leclant, in: Revue d'Égyptologie 21, 1969, S. 55–62 und Taf. 8–10.

lich überwuchert und erstickt hat, so mag das eine Sicht aus schiefem Blickwinkel sein, sei es dem der modernen Naturwissenschaft oder dem der Theologie. Die Ägypter selbst haben magische Kräfte (ägyptisch Heka) stets anerkannt, allerdings gelegentlich zwischen (verbotener) schwarzer und von Gott gegebener weißer Magie unterschieden: „Gott hat für die Menschen den Zauber geschaffen als Waffe, dem Schlag des Unheils zu wehren, über das Tag und Nacht gewacht wird" lehrt König Achthoes seinen Sohn (s. u. S. 132).

Überall im ägyptischen Leben spielt die Magie eine Rolle, auch an vielen Stellen der Religion. Zentral ist dabei die wirkende Kraft des Wortes. Soweit die Schöpfungshandlung Gottes im einzelnen überhaupt ausgemalt wird, spielt das Schöpferwort die entscheidende Rolle, und auf der täglichen Fahrt über den Himmel stehen bei dem Sonnengott dies Wort (Hu) und die die Folge bewirkende Kraft (Heka) als Helfer im Boot. Analog zu diesem Schöpfungswort, mit dessen Hilfe auch nach dem „Ersten Mal" die Welt in Gang gehalten wird, kann auch ein von einem Menschen in Vollmacht gesprochenes Wort Wirkung auf die belebte und unbelebte Umgebung haben. Die Nähe zum Ritualwort ist deutlich. Der Unterschied ist der, daß die Magie vor allem etwas erzwingen will, während die Kulthandlung mit der Gottheit nur Verbindung sucht, um sie zu besänftigen, sie „gnädig zu stimmen" oder sie zu verstehen, jedenfalls nicht, sie zu zwingen.

In den späten Tempeln nimmt die Magie zwar überhand, aber nicht mehr in dem Sinne, die Gottheit zu zwingen, also Macht über sie zu gewinnen, sondern, in Gegenrichtung, ihr zu helfen. Amulette und Rezitation von Schutzbüchern gegen Feinde sowie magische Handlungen sollen die Welt, z. B. den Lauf der Sonne, sichern und auch die Ordnung des Landes erhalten bzw. wiederherstellen – Ägypten war seit 750 v. Chr. mit kurzen Unterbrechungen immer von Ausländern besetzt. Gegen sie half nur Magie und magische Stärkung der eigenen Götter. Auch davon zeugen Eigennamen: „Das Auge des Horus gegen sie (scil. die Feinde)" ist einer der beliebtesten Namen dieser Zeit.

Bei Zauberpraktiken, die das Volk zu allen Zeiten geübt hat, spielt das mythische Vorbild eine entscheidende Rolle. Isis gilt als die große Zauberin, die über alles Geheimwissen verfügt. In ihre Rolle tritt die Zauberin ein, wenn sie zu Beginn eines Spruches feststellt und nach ihrer Vorstellung bewirkt, daß sie Isis ist. Regelmäßig wird dann eine mythische Situation auf die gegenwärtige (z. B. Not des Horuskindes in Chemmis [o. S. 56 f.] auf die Krankheit eines Kindes) angewandt.

Das Verhältnis von Kult und Magie ist wechselnd und schillernd, der Totenglaube wird weitgehend von ihr bestimmt. In Notsituationen des Lebens spielt Zauberei immer eine wichtige Rolle, so auch in der Medizin. Nur die persönliche Frömmigkeit bleibt frei von ihr.

V. PERSÖNLICHE FRÖMMIGKEIT

Offizieller Götterkult, der weitgehend von Riten und teilweise auch von Mythen bestimmt war, mag – wenigstens auf den ersten Blick – einem heutigen Europäer fremd scheinen – sein Interesse wird oft nur ein antiquarisches sein. Das ist anders bei einer Bewegung, die im Neuen Reich erstarkt und das Bild der ägyptischen Religion allgemein menschlicher und damit unmittelbar zugänglich macht, jedenfalls dem, der überhaupt einen Zugang zum Gebiet der Religion hat: die persönliche Frömmigkeit. Das meint, daß der einzelne Mensch unmittelbaren Zugang zu seinem Gott sucht und findet.

Entsprungen ist diese Haltung nicht etwa einem Mißtrauen gegen Tempelkult und Theologie, sie steht auch nicht im Gegensatz zu den Vorgängen hinter Tempelmauern, sie ergänzt vielmehr die vom Staat unternommene Annäherung an die Götter, deren Versöhnung und Befriedung durch den Kult in einer besonderen Weise und in anderer Richtung. Wo wurzelt diese Suche nach einer unmittelbaren Verbindung des Menschen zur Gottheit, die sich in ansprechenden, ja ergreifenden Dokumenten äußert?

Es ist das Gefühl der Verlorenheit in der Welt, der Isolierung des Individuums und der daraus resultierenden Lebensangst, das den einzelnen zu Gott führt. Die gesellschaftliche Ursache für dies neue Gefühl vermögen wir einstweilen noch nicht klar zu fassen – genug, der Ägypter des Neuen Reiches fühlt sich ausgeliefert – nur die Familie bietet noch einigen Halt, kaum mehr Volk und Staat – und sucht eine neue Sicherheit und findet sie in einem engen Verhältnis zu einer Gottheit. Der Tempeldienst wird zwar nie angefochten, aber er genügt offenbar dem Bedürfnis des Menschen nach Hilfe nicht mehr.

So wählt sich der Ägypter einen Gott, dem er sich ganz anvertraut, ja im Extremfall soweit zu eigen gibt, daß er ihm, d. h. seinem Tempel, sein ganzes Vermögen überschreibt oder testamentarisch vermacht. Von ihm erwartet er dafür „Schutz" und „Rettung", wie zwei Schlüsselwörter dieser Bewegung lauten. Das mag eine Rettung aus konkreter Gefahr sein, etwa vor den fatalen Folgen eines Schlangenbisses, vor der Bedrohung durch ein Krokodil, vor den Nöten im Gericht, aus einer Krankheit, aus Ungnade des Vorgesetzten oder was immer, es mag aber auch dieser Ruf „Rette mich!" absolut stehen, ohne daß eine konkrete Gefahr vorliegt: Die Schutz- und Rettungsbedürftigkeit gehört jetzt einfach zur menschlichen Existenz. Dieses Grundbefinden entfaltet sich in reicher Weise.

Die entscheidende Verbindung zu Gott ist das Gebet und Gottes Antwort, die Gebetserhörung. Das Gebet will niemals die Gottheit zwingen, möchte vielmehr ihren Willen beeinflussen, indem es diesem Willen den des Beters gegenüberstellt, ihn die Gottheit jedenfalls wissen läßt. Das Gebet des Ägypters wird, soweit es nicht ganz traditionell bleibt, bestimmt durch Demut, durch ein Sich-Erniedrigen gegenüber dem überlegenen Willen Gottes. Das zeigt sich schon in der Gebetshaltung, die übrigens (wie beim Moslem) während der Handlung wechselt: Man betet stehend mit zum ergebenen Gruß erhobenen Händen, die Handflächen zur Gottheit gewendet, knieend mit ebensolcher Handhaltung und schließlich auch „küßt man die Erde", knieend mit vornüber geneigtem Oberkörper. Alle drei Haltungen sind Zeichen der Selbsterniedrigung.

In der Bewegung der persönlichen Frömmigkeit spüren wir als movens kaum je die Angst vor Gott, obwohl die Ehrfurcht oft zutage tritt, vielmehr dominiert entschieden das Vertrauen. Der Gedanke des Gebens und Nehmens, der sonst die ägyptische Religion weitgehend bestimmt, spielt nur eine untergeordnete Rolle, so beispielsweise beim Gelübde, in dem der Fromme für eine Gnade, vielleicht eine Heilung, der Gottheit eine Stele oder ein Opfer verspricht. Im übrigen wird die Gabe des Menschen Hingabe seiner Person an die angerufene, oft für das ganze Leben erwählte Gottheit. Er befiehlt sich deren Schutz an, meist unter ausdrücklicher Verwendung der Vokabeln „Diener" und „Herr". Durch diese Sozialbegriffe spielt er darauf an, daß der Diener zum Gehorsam verpflichtet ist, der Herr aber zum Schutz. Wir werden Beispiele dafür kennenlernen.

Betont sei, daß die Mystik dem Ägypter fremd bleibt. Eine Vereinigung des Menschen mit der Gottheit bzw. ekstatische Liebe sind unbekannt. Wir hören auch nie davon, daß Gott des Gebetes bedarf – allenfalls läßt sich in der Spätzeit eine Art Schutzbedürftigkeit der Gottheit finden. Dafür stehen als Vokabeln Statuen von Königen oder nichtköniglichen Ägyptern, die kleine Götterbilder schützend umfassen, oder der Kult im Tempel, der weitgehend dem Schutz des Gottesbildes vor „Götterfeinden" gilt.

Gebetsanliegen sind stets ganz persönlicher Art. Am häufigsten ist die Bitte um ein Kind. Zeugnisse dafür sind vor allem die Eigennamen, die die Eltern bei der Geburt ihren Kindern geben: „Den ich erbeten habe" – man könnte ebensogut oder besser übersetzen: „Den ich erbetet habe" – oder „Der auf meinen Gebetsruf gekommen ist" sind Namen des Alten Reiches, spätere lauten: „Den Isis gegeben hat" oder „Amun ist es, der ihn gegeben hat" – es gibt eine große Zahl solch sprechender Namen bis zum griechischen Isidor, „Geschenk der Isis". Die Eigennamen legen auch Zeugnis ab für andere Wohltaten Gottes oder für die Ergebenheit des Menschen: „Es strahlt die Liebe des Ptah", „Der von seinem Gott Geliebte", „Amun schützt mich", „Amun ist mit mir", „Amun wendet sich mir wieder zu" (vielleicht wurde Kinderlosigkeit als Strafe Gottes empfunden, die mit der Geburt des so benannten Jungen beendet war), und viele Namen weisen Gott als Herrn, den Gläubigen als seinen Diener aus: „Die Große ist meine Herrin", „Der Diener des Chons" usw.[1] Dabei sind die Namen der Götter weithin austauschbar, die namengebenden Eltern setzen den von ihnen gewählten Gott ein, dem sie sich ergeben haben oder dem sie das Kind anbefehlen, was nicht ausschließt, daß der Namensträger, wenn erwachsen, einen anderen Gott erwählt.

Neben den Namen besitzen wir eine große Zahl von Zeugnissen für diese Religiosität, zunächst Gebete verschiedener Art, auch sie immer nur persönliche Anliegen verratend, nicht etwa Fürbitten für Ägypten oder den König. Solches war und blieb Aufgabe des Tempeldienstes. Die meisten dieser Denkmäler stammen aus der theba-

---

[1] H. Ranke, Die äg. Personennamen II, S. 224–227.

nischen Siedlung Dêr el-Medîne, in der die Arbeiter des jeweils im Bau befindlichen Königsgrabes wohnten, also einfache Leute, Bergarbeiter, die die Stollen der Gräber ins Gebirge trieben, außerdem die Bildhauer und Maler, die die Dekoration in den Räumen anbrachten, sowie Schreiber für die Lohnabrechnungen. Daß die Bewegung der persönlichen Frömmigkeit sich nicht auf solche Kreise beschränkte, werden wir später noch sehen.

Als Beispiel für ein Dankgebet sei ein in Dêr el-Medîne gefundener Denkstein etwas ausführlicher gebracht[2]. Oben ist im Bild der Reichsgott Amun zu sehen, der, wohl als Statue, vor seinem Karnaktempel thront, vor ihm kniet im Gebet der Stifter.

Über der Gestalt des thronenden Amun steht:

Amun-Re, der Herr von Karnak, der Große Gott, der Erste von Theben, der heilige Gott, der die Bitten erhört, der auf die Stimme des betrübten Armen hin kommt, der Atemluft gibt dem, der in Bedrängnis ist.
Den Amun lobpreisen.
Ich mache Hymnen auf seinen Namen,
Ich gebe ihm Lobpreis bis zur Höhe des Himmels
und bis zur Weite der Erde,
Ich erzähle von seiner Macht dem, der hinauffährt,
und dem, der stromabfährt:
Hütet euch vor ihm!
Verkündet ihn Sohn und Tochter,
Großen und Kleinen,
Erzählt es Geschlecht um Geschlecht,
(auch dem,) das noch nicht entstanden ist;
Erzählt es den Fischen in der Flut
und den Vögeln im Himmel,
Verkündet ihn dem, der ihn mißachtet,
wie dem, der ihn anerkennt:
Hütet euch vor ihm!
Du, Amun, bist der Herr für den „Schweiger",
Der kommt auf den Ruf des Armen.
Ich rufe zu dir, da ich bedrückt bin,
Und schon bist du gekommen, um mich zu retten,
Um Atemluft zu geben, dem, der in Bedrängnis ist,

___

[2] ATD S. 59 ff.; ÄHG Nr. 148.

Um mich zu retten, der ich gebunden bin.
Du, Amun-Re, der Herr von Theben, bist es,
Der den rettet, der schon in der Unterwelt ist,
Denn du bist ein Erbarmer.
Ruft man zu dir,
So bist du es, der aus der Ferne kommt.
Neb-Re, Maler des Amun in der thebanischen Nekropole, Sohn des Pai,
Malers des Amun in der thebanischen Nekropole, hat es gemacht auf den
Namen seines Herrn, des Amun, Herrn von Theben, der auf die Stimme des
Armen hin kommt.
Was er ihm machte, sind Hymnen auf seinen Namen,
Weil seine Kraft so groß ist.
Was er ihm machte, sind Gebete zu ihm,
Angesichts des ganzen Landes,
Wegen des Malers Nacht-Amun,
Als er krank und im Sterben lag,
In der Gewalt des Amun wegen jener seiner Kuh.
Ich fand, daß der Herr der Götter als Nordwind kam,
Süße Luft ging vor ihm her, er rettete den Nacht-Amun, den Maler des
    Amun.
Er sagt:
Entspricht es dem Diener, Sünde zu begehen,
So entspricht es dem Herrn, gnädig zu sein.
Nicht verbringt der Herr von Theben einen ganzen Tag im Zorn.
Wenn er zürnt, so ist es nur ein Augenblick,
Und nichts bleibt zurück.
Der Wind hat sich zu uns gewendet in Gnade,
und Amun kehrt mit seinem Odem zurück.
Bei deinem Ka: Du wirst gnädig sein,
Und nicht kehrt uns wieder, was einmal gewendet ist!
Er sagt:
„Ich werde diese Stele auf deinen Namen machen und werde diesen Hymnus
auf ihr als Inschrift verewigen, wenn du mir den Schreiber Nacht-Amun
rettest".
So sagte ich dir, und du erhörtest mich. Nun siehe, ich tue, was ich sagte. Du
bist der Herr für den, der zu ihm ruft und der die Wahrheit anerkennt, du,
der Herr von Theben.

Hier begegnen uns so gut wie alle für die persönliche Zuwendung
des einzelnen zu Gott kennzeichnenden Elemente: persönlicher An-

ruf, mit anerkennenden Zurufen verbunden, öffentliches Bekenntnis zur Macht Amuns, selbstverfaßter Hymnus an den Gott (wenn auch unter weitgehender Verwendung geläufiger Formulierungen), Erzählung des Anlasses zur Weihung (wobei freilich der konkrete Vorfall nur angedeutet wird, weil zu massive Darstellung ihm nur Dauer verleihen könnte!), allgemeine Deutung des Mensch–Gott-Verhältnisses und schließlich das damals, in der Not, gegebene Gelübde, dessen Erfüllung nun vor dem Leser steht – zugleich als sichtbares Zeichen für Amuns Rettungstat.

Nur wenige Zeugnisse der frommen Haltung wagen es, die Sünde, die vom Beter als Ursache seiner Not erkannt wird, auch nur andeutungsweise zu nennen. So zählt der folgende Text hierin zu den Ausnahmen. Ein Nekropolenarbeiter mit Namen Neferabu ruft zu Ptah[3]:

> Ich bin ein Mann, der falsch geschworen hat
> bei Ptah, dem Herrn der Ma'at,
> und er hat mich Finsternis sehen lassen bei Tage[4].
> Nun werde ich seine Macht dem erzählen,
> der ihn mißachtet wie dem, der ihn anerkennt,
> Kleinen und Großen:
> „Hütet euch vor Ptah, dem Herrn der Ma'at!
> Er läßt keines Menschen Tat unbeachtet.
> Fürchtet euch, den Namen des Ptah falscherweise zu nennen!
> Wer ihn falscherweise nennt, der geht zugrunde".
> Er ließ mich sein wie die Straßenköter,
> indem ich in seiner Hand war.
> Er ließ Menschen und Götter auf mich niederblicken,
> während ich wie ein Mann war,
> der Verbotenes gegen seinen Herrn getan hat.
> Gerecht ist Ptah, der Herr der Ma'at, gegen mich;
> Er hat mich bestraft.
> Sei mir nun gnädig, daß ich deine Gnade sehen kann!

Nicht nur eine Sünde und die als Folge erlebte Strafe der Gottheit bringt Menschen dazu, sich mit der Bitte um Gnade an Gott zu wen-

---

[3] ATD S. 62, ÄHG Nr. 150.
[4] Neferabu empfindet seine Blindheit als Strafe für einen Meineid.

den, vielmehr ist die Sehnsucht nach ihm auch ohne solche Notlagen allgemein verbreitet. Die in Gebeten immer wieder ausgesprochenen Wünsche sind etwa „Gott schauen", wobei man sowohl an eine Prozession wie an rein geistiges Schauen denken mag – für beides gibt es sichere Beispiele. Gottesnähe ist jedenfalls eine bildhafte und facettenreiche Konkretisierung der Vorstellung von religiösem Heil. Gemeint sein kann ein Aufenthalt im Tempel, u. U. in einer dorthin gestifteten Statue, oder das Schreiten dicht beim Gottesbild in Prozession. „Selig, wer bei dir ruht, wer eintritt in deinen Schatten." Metaphorisch gemeint sind auch die beiden häufigen Formeln „Gott suchen" und „Gott finden" – bezeichnend für die Sehnsucht nach innerer Verbindung zur Gottheit und ihre Erfüllung.

Die Haltung des Frommen, der solcher Gnade teilhaftig werden möchte, ist völlige Ergebenheit. Er „gibt Gott in sein Herz", „er hängt seinem Wege an", „er ruft, schreit zu ihm", vor allem aber hat er „ihm zu folgen", „auf seine Lehre, seine Weisung zu hören". „Selig, wer auf dich vertraut, den befällt kein Leid", oder „Heil dem, der wohl sitzt in der Hand Amuns, der den Scheuen leitet, der den Armen rettet, der Lebensodem gibt jedem, den er liebt"[5].

Ein weiteres Stück sei noch mitgeteilt[6]:

(Gott ist)
Eine Schutzmauer von Erz für den, der in seinem Kielwasser fährt[7],
kein Übel befällt den, der auf seinem Wege wandelt,
der zu dem kommt, der ihn anruft,
und gnädig ist dem, der ihn verehrt;
der die Hand reicht dem, der ihn anruft,
der lange Lebenszeit zuteilt und die Jahre verdoppelt
dem, in seiner Gunst steht;
ein trefflicher Beschützer für den,
der ihn in sein Herz gibt,
ein Beistand für immer und ewig.

[5] ATD S. 67.
[6] ÄHG Nr. 131.
[7] Also in seinem Gefolge.

Das Gegenbild des Frommen ist der Mensch, der sein Leben selbst bestimmen will, also Gottes Führung und Liebe mißachtet. Es ist der, der „Gottes (Kiel-)Wasser ablehnt". „Wer seinen eigenen Weg geht, der muß um sein Geschick kämpfen", heißt es.

Besonders wird Gott immer wieder als Erhörer von Gebeten gepriesen, und zwar sowohl grundsätzlich, indem man ihn einen „Gebetserhörer" nennt, als auch im Einzelfall, wenn der erhörte Beter Gott als einen gnädigen verkündet und preist. „Der die Gebete erhört dessen, der in Bedrängnis ist, freundlich zu dem, der zu ihm ruft"; auf den Türpfosten eines Tempels hat ein dankbarer Beter geschrieben: „Hathor hat mich erhört! Ich rief, und sie hörte!"

Lebenserfahrungen und Maximen von Frommen finden sich auf Skarabäen, die an Fingerringen oder Halsketten getragen wurden; dem beschränkten Raum auf diesen kleinen Käfersteinen verdanken wir knappste und treffendste Formulierungen: „Ptah liebt alle, die ihn lieben und die ihn bitten"; „Jede gute Tat vergilt Ptah großzügig"; „Gott ist der Schutz meines Lebens"; „Amun ist hinter mir, ich fürchte nichts, denn Amun ist stark"; „Es gibt keine Zuflucht für mein Herz außer Amun"; „Mein Ruhm ist es, Amun zu dienen"; „Amun ist die Stärke des Einsamen"; „Gott ist es, der auf den Lebensweg führt"[8].

Zwei Haltungen sind für den Frommen typisch und werden immer wieder genannt: Schweigen und Lieben. Der „Schweiger" ist der Mann, der alle Schickungen Gottes im Leben annimmt, der nicht aufbegehrt, sondern sich in Gottes Willen fügt. Die Liebe zu Gott ist eine Voraussetzung für die Liebe Gottes zum Menschen: „Gott liebt den, der ihn liebt", wie überhaupt der erste Schritt zu dem engen Verhältnis des Menschen zur Gottheit vom Menschen ausgehen muß: „Gnädig dem, der seinen Namen anruft", „Der sich dem zuwendet, der ihn anbetet", um nur zwei Beispiele zu nennen. Freilich, den sozial Schwachen wendet sich Amun (oder ein anderer Gott) auch von sich aus zu: „Du bist der Vater des Mutterlosen, der Gatte der Witwe" – womit die beiden besonders betroffenen Randgruppen der orientalischen Gesellschaft, die Waisen und Witwen

[8] ATD S. 68 f.

genannt sind. Aber auch Behinderte stehen besonders in Gottes Gunst: „Du Weg für den, der kein Auge hat, du Fuß für den Lahmen".

Wenn Gott „Herr" genannt wird, der Gläubige sich als „Diener" bezeichnet, so spricht sich darin nicht nur Unterwerfung aus, sondern auch Schutzbedürftigkeit des Menschen – ist doch der Herr gehalten, für seinen Diener einzutreten. „Ein Diener, der mißhandelt wird, dessen Herr ist es, der ihn schützt", ruft ein Mann, der sich von einem Dämon befallen glaubt, seinem Gotte Thot zu: „Schütze mich vor ihm!" Der Mensch gibt sich also, wenn er sich „Diener" oder „Knecht" Gottes nennt, ganz ihm zum Eigentum, und nichts anderes besagt das häufige Bild von Gott als dem „Guten Hirten", dem dann die Menschen als „Vieh Gottes" korrespondieren und die er, wie ein Hirte seine Tiere, beschützt. Beide Bilder für dieselbe Sache sind überaus häufig und werden immer und immer wieder, seit dem Mittleren Reich variiert. „Sich in die Hand Gottes setzen" ist einer der häufigsten Ausdrücke der persönlichen Frömmigkeit, woraus erkennbar wird, daß Gott nicht als Tyrann, sondern als gütiger und fürsorglicher Herr erlebt wird. So gräßlich, wie das populäre Bild die Sozialordnung in Ägypten zeichnet, können also die ägyptischen Herrschaftsverhältnisse nicht gewesen sein, wenn das Herr–Diener-Verhältnis als Muster in die religiöse Sphäre übertragen wird.

Wir sind in den angeführten Zeugnissen verschiedenen namentlichen Göttern begegnet, oft auch einfach der allgemeinen Bezeichnung „Gott". Tatsächlich bindet sich die persönliche Frömmigkeit nicht an eine bestimmte Gottesgestalt, vielmehr kann sich der Mensch an jeden beliebigen Gott anschließen. Gelegentlich glauben wir, den Grund für seine Wahl zu erkennen: Der Gott mag der an dem Ort besonders verehrte sein (Amun in Theben, Ptah in Memphis usw.), er mag aber auch der dem Beruf des Beters nahestehende Gott sein (Ptah für die Kunsthandwerker, auch in Theben, Thot für die schreibkundigen Beamten); doch wird in den zahlreichen Fällen, in denen wir keinen Grund für eine Wahl erkennen können, ein uns unzugängliches persönliches Erlebnis den Ausschlag gegeben ha-

111

ben. Daß „große" Götter bevorzugt werden, leuchtet ein, da sie gerade durch ihre Machterweise und ihre diesen zugrundeliegende Vielseitigkeit, also durch ihre vielfache und verschiedenartige Wirkungsweise, im Leben „groß", d. h. angesehen geworden sind. Der Fromme mag von dem erwählten Gott als von „meinem Gott" sprechen; generelle Aussagen aber, wie wir sie z. B. auf den Siegelringen (Skarabäen) finden, also solche, die allgemeine Gültigkeit für jeden Ägypter beanspruchen, werden häufig jede Festlegung auf einen Gott überhaupt vermeiden und nur schlicht von „Gott" sprechen, worunter dann jeder seine Gottheit verstehen mag. Diese Anonymität findet sich auch in den Lebenslehren, die zwar dort, wo von bestimmten Lebensbereichen gesprochen wird, etwa von Rechenarbeiten eines Beamten, einen bestimmten Gott, in diesem Falle Thot, nennen, aber in den meisten Aussagen den Namen vermeiden und durch das immer gültige „Gott" ersetzen. Von einem „Monotheismus" irgendwelcher Art kann dabei nicht die Rede sein.

Liebevolles Vertrauen, das durch Ehrfurcht nicht in Distanzlosigkeit umschlagen kann, kennzeichnet das Verhältnis des Frommen zu seinem erwählten Gott. Es äußert sich auch gelegentlich in besonderen Kosenamen für die Gottheit, etwa „Heli" für Hathor oder „Pipi" für eine Göttin mit dem Namen Nebet-Hetepet – man fühlt sich an den „Alten Fritz" und das durch diesen vertraulichen Namen ausgedrückte Verhältnis zu ihm erinnert. Auch die Ägypter haben besonders beliebte Pharaonen mit zärtlichen Diminutiv-Formen ihrer Namen genannt: Amenemhet mit Ameni, Ramses II. mit Sesi.

Gelegentlich findet das hingebungsvolle Vertrauen des Menschen in die erwählte Gottheit Ausdruck in der Übergabe auch seines Vermögens an seinen Schützer (bzw. dessen Tempel). Kleinere Stiftungen sind auch schon aus früherer, besonders aber aus späterer Zeit bekannt, während im Neuen Reich gelegentlich die Gesamtübertragung eines Vermögens unter Ausschluß der Leibeserben, und zwar eine Übertragung zu Lebzeiten, belegt ist. In der Ptolemäerzeit haben sich Männer lebenslänglich oder doch für eine begrenzte Zeit in die Abhängigkeit des Gottes begeben, indem sie ihr Vermögen in den Tempel einbrachten und dort lebten. Einige Sätze aus der ältesten genauer bekannten Vermögensstiftung solcher Art, aus dem Neuen Reich, der des Rinderverwalters des Amun namens Simut genannt Kiki, mögen folgen. Offenbar als Erwachsener hat sich Simut, dessen Namen bereits „Sohn der Mut" bedeutet, nicht den Gott des Tempels, in dem er Dienst getan hat, sondern die Göttin Mut erwählt. In einer langen Inschrift seines Grabes begründet er die Wahl, spricht die Vermögensverfügung aus und geht auch auf die Folgen ein.

„. . . Da dachte er nach über sich selbst, für sich eine Schutzgottheit zu finden, und er fand Mut an der Spitze der Götter . . . Daraufhin sprach er: ‚Hiermit übergebe ich ihr all mein Vermögen und all meinen Zugewinn. Ich weiß, daß sie von Nutzen für mich ist, daß sie wirksam ist, sie allein. Sie hat mir einen Freiraum geschaffen im Kampfgetümmel und hat mich beschirmt im bösen Augenblick. Sie ist gekommen – eine kühle Brise vor ihr her –, als ich ihren Namen anrief. Ich war ein Notleidender ihres Ortes, ein Armer ihrer Stadt. Ich habe über meinen Besitz verfügt wegen ihrer Stärke, im Tausch gegen Lebensodem. Kein Mitglied meines Haushaltes soll daran Teil haben, er soll vielmehr nur ihr zugute kommen in Frieden. . . . O Mut, Herrin der Götter, höre meine Gebete! So wie bekanntlich ein Diener seinem Herrn nützlich ist, so ist es bekannt, daß der Herr seinen Diener mit sicherer Existenz belohnt. Ich nehme mir keinen Schützer unter den Menschen, ich verbinde mich nicht den Mächtigen, nicht einmal mein Sohn ist mein Beschützer (etwa nach dem Vorbild Horus/Osiris), vielmehr habe ich Mut als Helferin gefunden'". Es folgt ein vielstrophiges Lied:

> Wer sich Mut zum Schützer nimmt,
> den kann kein Gott angreifen,
> ein Günstling ist er des Königs,
> er stirbt in Gnade.
>
> Wer sich Mut zum Schützer nimmt,
> den kann kein Übel treffen;
> er ist behütet Tag für Tag,
> bis er in den Friedhof eingeht.
>
> Wer sich Mut zum Schützer nimmt,
> – wohl dem, der sich nach ihr sehnt! –

den kann kein Gott niederwerfen,
da er den Tod nicht kennt
(da ihm der Tod nichts anhaben kann)[9].

Es ist bezeichnend für die ägyptische Rechtsvorstellung, die auch in der Religion ihren Niederschlag findet, daß aus dem Unterordnungsverhältnis des Menschen als Diener der Gottheit (dazu o. S. 104) ein (zumindest moralisches) Recht abgeleitet wird, nämlich das auf Schutz, ja auf sichere und lange Existenz. Überhaupt spielt die soziale Seite der Gottheit im Neuen Reich im persönlichen Verhältnis Gott/Mensch eine besondere Rolle. Eine früher am König gelobte Eigenschaft, ja zu seinen Pflichten gehörende Aufgabe, nämlich die Schwachen, das sind besonders die Armen, die Witwen und Waisen zu stützen, wurde jetzt an der Gottheit entdeckt – vielleicht in dem Maße, wie das Königtum seiner Aufgabe nicht mehr nachkam.

„Du bist Amun, der Herr des Schweigenden, der kommt auf die Stimme des Armen", heißt es da, oder: „Geleiter des Schweigenden, Retter des Armen". In literarischer Ausformung lesen wir: „Amun, leihe dein Ohr dem, der allein steht im Gericht, der arm ist, nicht reich! Das Gericht bedrängt ihn: Silber und Gold für die Schreiber der Matte, Kleider für die Angestellten! Ach, möge man finden, daß Amun sich in den Wesir verwandelt, der den Armen freispricht! Ach, möge man den Armen unschuldig befinden, möge die Armut den Reichtum ausstechen!"[10] Und ein letztes kleines Gedicht dieser Gesinnung: „Amun – Re, der eintritt für den Armen, wenn er verzweifelt ist; möge er geben, daß das Gericht sich einstimmig für den Armen erkläre. Der Arme möge recht bekommen und wer (das Gericht) bestechen will, soll niedergedrückt werden"[11].

Es ist nicht erbeten, daß der Arme bevorzugt wird – seine faktische Benachteiligung soll vielmehr durch Gottes Hilfe aufgehoben werden. Einer der verschiedenen Ausdrücke für „beten" lautet:

---

[9] ATD S. 63 f.; ÄHG Nr. 173; neuste Übersetzung: P. Vernus, in: Revue d'Égyptologie 30, 1978, 115 ff.

[10] ÄHG Nr. 175.

[11] ÄHG Nr. 187.

„sich erniedrigen", und in der Annahme, daß Gott für die kleinen Leute ein besonders offenes Ohr habe, verfertigt einer der höchsten und reichsten Männer im Staat, ein Königssohn von Nubien, der im Rang dem Wesir gleichsteht, eine etwa handgroße Stele im Arme-Leute-Stil, auf der er betend dargestellt ist und die Worte spricht: „Komm zu mir in Gnade, mein Herr Tut-Anch-Amun! Ich sehe Finsternis bei Tage, die du gemacht hast! Laß mir wieder hell sein, so daß ich dich sehe, dann werde ich deine Macht den Fischen im Strom verkünden . . ." Offenbar war der große Mann in Ungnade gefallen und ruft nun seinen König wie einen Gott an, mit Ausdrücken der persönlichen Frömmigkeit.

Überhaupt ist die große religiöse Bewegung, die den Menschen die Gottheit unmittelbar, diesseits von Ritual und Kult suchen läßt, keineswegs eine „Religion der Armen", wie man früher einmal gemeint hat. Dem eben genannten Beispiel eines der höchsten Männer im Staat lassen sich Zeugnisse selbst von Königen zur Seite stellen, so das Gebet Ramses' II. aus der Schlacht bei Kadesch, das, wenn auch als nachträgliche literarische Schöpfung, den König in einem innigen und unmittelbarem Verhältnis zur Gottheit zeigt; in einer militärisch verzweifelten Lage wendet sich der König an Amun, dieser erscheint ihm (ohne daß etwa eine Vision geschildert würde) und gibt ihm Zuversicht und Kraft, die Schlacht zu wenden. Von Ramses III. ist ein Hymnus überliefert, in dem es heißt: „Ich fand, daß es dem wohl ergeht, der auf deinem Wege wandelt, daß Gesundheit und Leben hat, wer deinen Vorhof erblickt. Jeder, der zu deiner Stadt gekommen ist, sagt, wenn er wieder zurückgeht: ‚Heil dem, der sich dir anschließt!' . . ." Und dann, ausgesprochen auf die Situation des Königs gemünzt: „Wer dich ‚mein Vater' nennt, der wird ein Herr der Neunbogen (d. h. Herrscher der Welt) sein. Du unterwirfst sie ihm allzumal, während er (zuhause) sitzt. Ruhig ist das Herz dessen, der sein Herz mit dir füllt, denn dein Auge ruht auf ihm Tag für Tag. Du bewahrst den, der auf deiner Flut wandelt . . . Es freut mich mehr als Trunkenheit, wenn ich an dich denke, und es verläßt meinen Mund keinen Augenblick" [12].

[12] ÄHG Nr. 196.

Das eindrucksvollste Bild, das die Ägypter für die Verlorenheit des Menschen in der Welt geschaffen haben, ist das eines Einsamen in der Wüste. Die Gottheit ist dann ein lebensrettender Brunnen, der sich aber nur einem „Schweiger", also einem Frommen zeigt, dem „Heißen", dem Unbeherrschten, der sein Leben selbst in die Hand nimmt, aber verschlossen, unauffindbar bleibt. In dem folgenden Gedicht wird der Gott Thot angerufen, der sich u. a. in einer Dumpalme verkörpert, wie sie noch in trockenem Gelände wächst und dennoch in ihren Früchten „Wasser" birgt.

> Thot, du süßer Brunnen
> für einen Durstigen in der Wüste!
> Der Brunnen ist verschlossen für einen Redegewandten,
> er ist geöffnet für den Schweigenden.
> Kommt der Schweigende, so findet er den Brunnen,
> kommt der Hitzige, so bist du verschüttet [13].

Hier haben wir es nicht mehr mit unmittelbar aus einer aktuellen Not geborenen Hilferufen zu tun, vielmehr mit einer künstlerischen Gestaltung allgemeiner Stimmung. Der Einfluß der neuen religiösen Haltung auf die Literatur läßt sich vielfach greifen, so besonders in den Lebenslehren der Ramessidenzeit. Die in der 20.–21. Dynastie entstandene Lehre des Amenemope hat die Gottergebenheit des rechten Schweigers zum eigentlichen Inhalt. „Besser ist Armut aus der Hand Gottes als Schätze im Vorratshaus, besser sind Brote bei vergnügtem Herzen als Reichtum mit Kummer", lautet ein wiederholter Refrain.

> Hänge dein Herz nicht an Schätze:
> Es gibt keinen, der nicht um Bestimmung und Geschick wüßte!
> Wirf dein Herz nicht hinter Äußerlichkeiten her:
> Jedermann hat seine ihm bestimmte Stunde.
> Mühe dich nicht, nach mehr zu suchen,
> dann wird dein Bedarf sichergestellt sein . . .
> Einen Gruppenführer, der sich zu weit vorwagt,
> den läßt seine Truppe im Stich.

[13] ÄHG Nr. 182.

Das Schiff des Habgierigen bleibt (weil zu schwer beladen) im
  Schlamm stecken,
während das Boot des Schweigers mit gutem Winde fährt.
Bete zur Sonne, wenn sie aufgeht,
und sprich: ‚Gib mir Heil und Gesundheit!‘,
dann gibt er dir deinen Lebensbedarf,
und du bleibst frei vom Schrecken[14].
Wer sich müht, Vollkommenheit zu suchen,
der schädigt sich in einem Augenblick.
Halte dein Herz fest und stärke dein Herz
(sei beherrscht und besonnen),
mache dich nicht zum Steuermann deiner Zunge,
die Zunge eines Menschen ist zwar das Steuerruder des Schiffes,
aber der Allherr ist sein Lotse[15].

Mit diesem letzten Satz wird die Warnung ausgesprochen, sein
Lebensschicksal selbst zu bestimmen. Das ist zwar möglich (die
Zunge steht für den ins Leben eingreifenden eigenen Entschluß),
doch führt solche Eigenmächtigkeit zu keinem guten Ende: Man soll
vielmehr sein Lebensschiff ganz Gottes Lenkung anvertrauen. Darin
äußert sich eine tiefe Skepsis gegenüber der Möglichkeit, das schwierige Leben selbst zu meistern. „Begib dich ganz in die Hand Gottes", dieser oft wiederholte Satz kann als Quintessenz der persönlichen Frömmigkeit gelten. Bis zum Ende der ägyptischen Religion
werden solche damals geprägten Bilder und Ausdrücke verwendet
und dringen auch in die hymnische und kultische Sprache der Tempel ein[16]. Wieweit ihnen noch lebendige Gotteserfahrung entspricht, wieweit sie noch als Ausdruck innerer Haltung zu werten
sind, bleibt fraglich. Die späteren Könige dürften jedenfalls keinen
Anteil mehr an dieser Bewegung gehabt haben, während wir damit
rechnen dürfen, daß Ramses II. oder Ramses III. dort, wo solche

[14] ATD S. 80.
[15] ATD S. 84.
[16] E. Otto, Gott und Mensch nach den Tempelinschriften der griechisch-römischen Zeit, Abh. d. Heidelberger Akad. d. Wiss. 1964, 1,
1964.

Gesinnung von ihnen überliefert ist, auch tatsächlich eine derartige gottergebene Haltung nicht nur gezeigt, sondern auch gelebt haben. In der Plastik zeigt sie sich in der bekannten Statue Ramses' II. in Turin.

Die persönliche Frömmigkeit ist der einzige Bereich der Religion, der von der Magie völlig unberührt blieb, ja der geradezu in einem Gegensatz zu ihr stand – womit zugleich erhellt, daß wir das Tempelritual ebenfalls, jedenfalls im Neuen Reich, als magiefern betrachten, da zu diesem der Fromme keine Distanz ausdrückt. Von Amuletten und Zaubermitteln dagegen hält er sich fern, und der schon erwähnte Kiki bittet die von ihm erwählte Göttin Mut ausdrücklich, sie möge geben, daß seine Augen ihre Strahlen („denn du bist die Sonnenscheibe") sehen, daß seine Ohren hören ohne Taubheit, daß seine Nase atme, ... daß sein Mund seine Arbeit tue, seine Lippen bereit seien und seine Zunge schmecke, kurz, daß sein ganzer Körper voll lebe, „ohne Amulett für meinen Leib, ohne daß ein böser Zauberspruch Macht habe über mich" [17].

Wir sagten schon, daß diese große, weite Teile des Volkes aller Schichten ergreifende religiöse Bewegung nirgends in einen Gegensatz zum Tempelkult geriet. Das wird auch deutlich bei einer anderen Äußerung derselben Gesinnung, das Leben weitgehend oder gar ganz Gottes Güte und Gnade anzuvertrauen, bei einem Brauch, der sich genau parallel zur Frömmigkeit entfaltet und der ebenfalls in degenerierter Form bis zum Ende des Heidentums lebendig geblieben ist: dem *Orakelwesen*.

Das Kultbild im Inneren des Tempels war in aller Regel nur wenigen Priestern bei den täglichen Riten der Kleidung und Speisung zugänglich. Da ein Kultbild aber nicht Gott selbst war, sondern nur Gottes Wohnung (s. o. S. 86 f.), war es möglich, ihm ein weiteres Bild anzubieten. Für Prozessionen bildete man eines aus leichterem Material, wohl meist aus Holz, das von Priestern aus dem Tempel hinausgetragen werden konnte, sei es nur in den vorderen, offenen Hof des eigenen Tempels, sei es zum Besuch von Stationskapellen oder

[17] ÄHG Nr. 173, Z. 60, aber mit verbesserter Übersetzung.

anderer Tempel. Bei solchen Umzügen konnte sich die Sehnsucht der Frommen nach Gottesnähe weitgehend erfüllen. Das Götterbild selbst blieb freilich verhüllt, aber es war ansprechbar. Von der Teilnahme großer Volksmassen an solchen Festen war schon oben (S. 96) die Rede, und auch die Namen der an solchen Tagen geborenen Kinder zeugen von der Volkstümlichkeit der Veranstaltungen: „Ptah-em-heb" heißt „Ptah ist im Fest", „Cha-em-Ipet" bedeutet „Erscheinend in Luxor", nämlich Amun von Karnak. Im Gedränge, in aller Öffentlichkeit, konnte dann der eine oder andere dem Gott ganz persönliche Fragen stellen. Viele davon sind banale Alltagssorgen: „Ist das Kalb gut, so daß ich es kaufen soll?", fragt ein Arbeiter den Gott, oder: „Wird man mich zum Chef machen?" möchte ein Mann gern wissen. Ein anderer fürchtet offenbar im Gegenteil: „Wird mir ein Tadel zuteil werden?" „Soll ich die Sache schriftlich machen, um sie dem Wesir vorzulegen?"

In der 18. Dynastie dienten die Orakel vor allem zu Staatsentscheidungen; Königswahl oder Kriegszüge wurden von Gott befohlen. In der Ramessidenzeit spielte man mehr und mehr Verantwortung dem Gotte zu, nicht nur alltägliche Fragen wie die oben zitierten wurden ihm vorgelegt, sondern auch Stellenbesetzungen, besonders an Tempeln, ja auch Gerichtsurteile legte man ihm auf. Über die Orakeltechnik ist hier nicht zu handeln, nur soviel sei als religionsgeschichtlich bedeutsam gesagt, daß in manchen Fällen die den Gott tragenden Priester offenbar nicht einmal wußten, daß sie ein Orakel erteilten, geschweige denn vom Inhalt der Frage unterrichtet waren, nämlich dann, wenn ein Fragender seitlich des Weges, Schrift nach unten, also unlesbar, einen Stein mit einer Orakelfrage niedergelegt hatte und dann den Schwankungen des Gottesbildes die Antwort entnahm. In anderen Fällen wurde die Frage mündlich gestellt, so daß die Priester wußten, worum es geht. Das Ja oder Nein des Gottesbildes wurde wieder aus seinen Bewegungen herausgelesen: Vorwärts hieß Ja, ein Zurückweichen bedeutet Verneinung. Zumindest aus der Spätzeit sind schließlich regelrechte Verstecke für Priester im Tempel über oder im Götterbild archäologisch nachweisbar, so daß nicht nur das Prozessionsbild, sondern auch das ortsfeste Götterbild Orakel erteilt hat.

Diesen offensichtlichen Priesterbetrug dürfen wir aber nicht auf jedes Orakel, besonders nicht die der früheren Zeit, übertragen. Für unsere Frage nach dem Lebensgefühl des Ägypters scheint das Vordringen des Orakelwesens zu besagen, daß man dem Gott mehr Vertrauen entgegenbrachte als den staatlichen Organen. Diese Verschiebung der Instanzen auch bei innerweltlichen Fragen ging so weit, daß die führenden Männer nach und nach die gesamte Verantwortung an die Gottheit abgaben. In der 21. Dynastie wurde in Theben ein reiner Gottesstaat errichtet, in dem alle politischen Entscheidungen von Gott durch ein Orakel vollzogen wurden, wo Dekrete nicht mehr vom König (oder dem innenpolitisch unumschränkt regierenden Hohenpriester des Amun), sondern vom Gott Amun selbst erlassen wurden. Dabei handelt es sich um Fälle geringer Bedeutung wie die Besetzung untergeordneter Stellen, aber auch um hochwichtige Staatsentscheidungen, wie die Verbannung oder Begnadigung von Rebellen; auch Gerichtsurteile stammen in dieser Zeit oft von einer Gottheit.

Die uns interessierende Frage nach dem Glauben der Leute, die diese Urteile inszenierten, ist nicht einfach zu beantworten, die nach der Meinung des einfachen Volkes gar nicht. So leicht uns heutigen durch die Aufklärung gegangenen Europäern das Wort von betrügerischen Priestern von den Lippen geht, so vorsichtig sollten wir doch sein. Immerhin hat ein Hoherpriester des Amun, der genau wußte, was in einem Tempel vorging und was bei Orakeln geschah, in seinen Sarg und den seiner Gemahlin Nes-Chons je ein Orakel-Dekret des Götterkönigs Amun gelegt, in dem dieser den Toten nicht nur alles zum Fortleben Notwendige zusichert, sondern auch den überlebenden Partner vor bösen Anschlägen zu schützen versprach. Hier scheidet jede Betrugsabsicht aus, und wir dürfen nicht zweifeln, daß der Hohepriester, der doch die Niederschrift dieses Orakeldekretes veranlaßt hat, an dessen Wirksamkeit glaubte, und damit doch wohl auch an seine legitime Entstehung.

Noch einmal lassen sich zwei Antworten des Menschen auf Gefahren-Nöte feststellen: Einerseits die völlige Hingabe an die Gottheit und deren Willen, andererseits ein Zwingen göttlicher Macht mit Mitteln der Magie zu eigenem Vorteil. Es ist mehr als ein Zufall, daß nach dem Erstarren der bedeutenden religiösen Bewegung der persönlichen Frömmigkeit nach dem Ende des Neuen Reiches deren Reste mehr und mehr von magischen Praktiken überwuchert wurden.

VI. TOTENGLAUBE

Viele Völker haben die Übergänge im menschlichen Leben: Geburt, Reife, Hochzeit und Tod mit reichen Riten umgeben, die bei dem Schwellenübertritt helfen sollen. Die Ägypter haben ihr Augenmerk fast ausschließlich auf den Tod und seine Folgen gerichtet, so sehr, daß die anderen kritischen Momente des Lebens fast ohne Zeremonien bleiben.

Wir wissen nur wenig über Brauchtum bei der Geburt, nichts darüber, wie eine Hochzeit begangen wurde, und die Beschneidung der Jungen, die bei Eintritt der Reife vorgenommen wurde, scheint ohne religiöse Verknüpfung von Ärzten vorgenommen worden zu sein. Dagegen nehmen alle Vorstellungen, die mit dem Tode, dem Begräbnis und dem Fortleben nach dem Sterben zusammenhängen, einen weiten Platz ein und wuchern im Laufe der Entwicklung mehr und mehr. Dabei bleiben, wie bei vielen Völkern, wie auch bei uns, urtümliche Vorstellungen vom lebenden Leichnam im Grabe mit menschlichen Bedürfnissen nach Atemluft und Speisen neben ganz andersartigen, stark vergeistigten erhalten. Auf einem den menschlichen Vorstellungen so unzugänglichen Gebiet, wie einem Leben nach dem Tod, treiben immer wieder uralte Ängste und wuchernde Spekulationen neben wohldurchdachtem Glauben ihr Wesen und erscheinen phänomenologisch in Gemengelage.

Von der Vorgeschichte, dem Neolithikum, bis zum Ende der ägyptisch-pharaonischen Kultur und noch ein kleines Wegstück ins Christentum hinein spielt zunächst der Ausbau eines *Grabes* eine gewaltige Rolle. Wer es sich irgend leisten kann, verwendet einen nicht geringen Teil seines Vermögens auf die Vorsorge fürs Jenseits, und zwar in Gestalt eines Grabbaus, wenigstens eines Denksteines am Grab selbst oder in Abydos (s. S. 59) sowie auf die Ausstattung dieses Grabes, sei es mit Bildern, sei es mit Geräten, stets aber mit täglichem Bedarf an Speise, Trank und Kleidern. Wohlhabendere nehmen Möbel, Geschirr und allerlei Toilettensachen, auch Schiffe (im Modell) und Waffen mit ins Grab. Eine große Sorge war das Erneuern der Nahrungsmittel nach Verbrauch bzw. beim Erlöschen des Opferdienstes. Dem trug man dann Rechnung durch Mitgabe von kleinen Holzmodellen, vor allem aber durch Reliefs und Malereien in den oberen, Besuchern zugänglichen Räumen, die die Gewinnung von Lebensmitteln von der Aussaat über die Ernte bzw. die Viehzucht bis zur Bereitung der Speisen in der Küche und ihre Darreichung zeigten – offenbar sollten diese Bilder lebendig werden und „arbeiten".

Dies Bildprogramm zeigt zunächst nur Szenen, die für das Leben eines jeden Mannes des betreffenden Standes typisch sind. Doch wird es bald durch einmalige, nur zu dem betreffenden Grabherren gehörige Vorkommnisse, durch unwiederholbar einmalige Akte erweitert: Kriegszüge, besondere dienstliche Vorkommnisse und sogar Episoden wie die unbewaffnete Begegnung mit einer Hyäne in der Wüste.

Solchen individuellen Bildern kommt dieselbe Bedeutung zu wie den in den Inschriften stark betonten persönlichen Daten des Verstorbenen, also Namen, Laufbahn und Titel jeder Art, auch seiner Familie: Das alles dient keinem anderen Zweck als der Erhaltung der Individualität. Keinesfalls lockt den Ägypter etwa ein Aufgehen in eine größere Einheit, sei das Leben dort auch noch so verlockend, es zog ihn nicht an, wenn er nicht mehr er selbst war. Alle Totentexte betonen stark den Namen, diesen Inbegriff des Einzelmenschen. Von einem Fortleben im Volk ist – im Unterschied zu den Israeliten – nie die Rede, diese Vorstellung ist dem Ägypter fremd.

Individuelles Fortleben also sollten die Bilder an den Wänden des Grabes sichern, und das Hauptthema ist zu allen Zeiten die Versorgung des Toten mit Lebensmitteln. Nachdem aber diese Bilder nur mit Hilfe der Magie „funktionieren" konnten, ging man einen Schritt weiter und gab dem Verstorbenen außer wirklichen Speisen noch solche in dauerhafterem Material mit, das sind Nachbildungen von Geflügel aus Ton, Holz u. ä. Außerdem benützte man schon in alter Zeit die Schrift zum Zwecke der Versorgung nach dem Tode:

Zunächst kurze, dann früh auch längere und lange Listen von Speisen fehlen keinem ausgeschmückten Grab. Diese Listen sind übrigens ganz oder teilweise identisch mit den Speiselisten in den Tempeln, die der Versorgung der Gottheit dienen.

Solche Listen konnten aber nach ägyptischem Glauben ihren Zweck nur dann erfüllen, wenn sie vorgelesen wurden, „ausgerufen". Erfolgte dieser Ruf durch einen „bevollmächtigten" Mann, meist einen Vorlesepriester, dann „kam" der Verstorbene oder sein Ka (s. u. S. 139) „auf die Stimme heraus" und nahm die Speisen, die durch dies schöpferische Wort für ihn Realität erhielten, in Empfang.

Dadurch aber begab sich der Mensch nach seinem Tode in die Abhängigkeit von Lebenden – und die Erfahrung lehrte nur allzu krass, daß kein Verlaß darauf war, daß der *Totendienst* (von einem Kult sollte man in diesem Zusammenhang nicht sprechen) über längere Zeit fortgeführt wurde. Es ist ergreifend zu beobachten, welche Mittel die Ägypter anwandten, Leute späterer Generationen, die zufällig an ihrem längst verlassenen Grab vorübergehen mochten, zu veranlassen, wenigstens ein Totenopfergebet zu sprechen. Auf den Grabsteinen können wir lesen, ein Mensch werde ja dadurch nicht arm, daß er ein Gebet spreche, und es sei ja nützlicher für den, der es spreche, als für den, zu dessen Gunsten es gesprochen werde – wir kommen unten (S. 143) auf den Sinn dieser Formel zurück. Aber wer liest schon eine Inschrift auf einem Friedhof, auf dem hunderte von Grabsteinen mit ähnlichen Formeln stehen? So versuchten geistreiche Männer, die Aufmerksamkeit späterer Nekropolenbesucher durch ganz ungewohnte Schriftbilder zu fesseln. Totengebete benützen gelegentlich eine Art Geheimschrift, die zwar auch Hieroglyphen verwendet, jedoch in unüblicher Bedeutung, so daß ungewohnte und jedem Kundigen ins Auge fallende Schriftbilder entstehen. So wie es noch heute Wissenschaftler reizt, diese oft sehr klug ausgedachten Inschriften zu entziffern, so muß es seinerzeit auch Ägyptern gegangen sein, und indem sie diese geistreichen, aber nicht unüberwindlich schwierigen Aufgaben lösten, sprachen sie schon das ersehnte Totengebet, ja der Verstorbene hatte beim Verfassen seiner änigmatischen Grabschrift sogar damit gerechnet und spricht es als Bitte aus, daß er für ein besonders hübsches, d. h. geistreiches Rätsel von dem Löser noch nach Generationen eine Extra-Spende bekomme.

Dennoch: All das war unsicher, so unsicher, daß es beklemmend gewesen sein muß, das Fortleben im Jenseits an einen Erfolg zu binden. Um die Sorgen zu beschwichtigen, suchten die oberen Schichten der Gesellschaft nach anderen Lösungen. Gaufürsten, die zugleich Vorsteher aller Tempel ihres Gaues waren, schlossen ihren Totendienst an den Tempelkult an, indem sie der Priesterschaft ihres Ortstempels die Nutznießung der Äcker ihres Privatbesitzes (nicht des königlichen Landes, das ja dem Amtsnachfolger als Besitz zugewiesen werden mußte, der dessen Erträge als „Gehalt" bezog) überließen gegen die Verpflichtung, den Totendienst, dessen Leistungen in allen Einzelheiten festgelegt waren, für alle Zukunft zu versehen. Solchen Verträgen, die juristisch sauber und exakt ausgearbeitet und teilweise im Grab des Herrn fixiert waren, liegt die Überlegung zugrunde, daß zwar weder die leiblichen noch die Amtserben sich über Generationen hinweg um den Totendienst kümmern würden, daß aber der Gotteskult ewig bestehen bliebe, so daß man eine gewisse Sicherheit gewinnen könne, wenn man den eigenen Totendienst recht eng mit dem Kultgeschehen im Tempel verknüpfte. Die Priester würden, von einer Götterprozession kommend, die auch noch nach Jahrhunderten stattfinden würde, einen kurzen Abstecher zum Grabe machen, dort die nötigsten Zeremonien vollziehen und dafür gewisse Erträge aus der vom Grabherrn errichteten Stiftung (die im Tempel verwaltet wurde) erhalten.

Nach demselben Prinzip suchten die Könige des Neuen Reiches ihren Totendienst zu sichern: Sie bauten nicht mehr, wie in älterer Zeit, selbständige Totentempel, bei denen sie ja beobachtet hatten, daß die der Vorgänger verlassen dastanden, sondern errichteten auf der Westseite Thebens jeder seinen kombinierten Amun-Totentempel, der wirtschaftlich und kultisch aufs engste mit dem großen Karnaktempel zusammenhing und den Amun von Karnak zumindest beim Schönen Fest vom Wüstental (s. o. S. 93 f.) besuchen würde. Der Tempelherr war in erster Linie Amun, dessen Versorgung „ewig" weiterlaufen würde, aber in einem Teil des Tempels wurde dann als „Filialkult" der Totendienst des königlichen Erbauers angehängt. So hatte er teil an dem „Umlaufopfer", wenn die Speisen von einem Altar des Tempels zum nächsten getragen wurden. Sein Totendienst schien gesichert, solange Amun in Karnak verehrt wurde, und an dessen Ewigkeit konnte es keinen vernünftigen Zweifel geben.

Auf ähnlichen Erwägungen beruht eine weitere Einrichtung, die wir seit dem Mittleren Reich kennen: Zunächst stiften Könige, dann hohe Beamte und schließlich auch weniger bemittelte Ägypter *Statuen* und Statuetten von sich, mit ihrem Namen beschriftet, in einen Tempelhof, möglichst einen solchen, in dem Opfer dargebracht oder wenigstens vorbeigetragen werden, und hoffen auf diese Weise noch nach ihrem Tod an den Opferspeisen teilhaben zu können. Diese Erwartung der Tempelstatue wird dann dahin erweitert, daß manche Statuenbesitzer, besonders wenn sie im Leben als Priester dem Gott nahegestanden haben, sich späteren Besuchern als Gebetsmittler anbieten – selbstverständlich gegen entsprechendes Entgelt, das ersehnte Totengebet oder Totenopfer.

Grabbau als Wohnung, Befriedigung leiblicher Bedürfnisse durch Opfer oder durch magische Bereitstellung von Lebensmitteln in alle Ewigkeit, Anknüpfen des Totendienstes an einen Tempelkult, all diese Vorsorge vermochte die Angst vor einer materiellen Not im Jenseits kaum zu beschwichtigen, zumal angesichts der von Jahrhundert zu Jahrhundert zunehmenden Zahl verlassener, verwahrloster, geplünderter, jedenfalls unversorgter Gräber.

Auch die elementarste aller Vorsorgen, die *Mumifizierung*, d. h. die Technik, den Körperzellen das Wasser zu entziehen, um den Leichnam vor Verwesung zu schützen, führte zu keinem sicheren Erfolg, wie man leicht an den bei Plünderungen aus den Gräbern gerissenen und in den Friedhöfen herumliegenden Mumien und Mumienteilen sehen konnte. Ohne daß die genannten Bemühungen aufgegeben wurden, gewann neben diesen Vorrichtungen, die die Angst menschlicher Herzen nicht beschwichtigen konnten, eine geistigere Einstellung zum Tode an Gewicht.

Wie auch sonst in der Welt hat in Ägypten die Vorstellung vom Stirb und Werde als *Analogie* zum vegetabilischen Leben Fuß gefaßt: Auch die Pflanze „stirbt" im Herbst, „erwacht" aber im Frühjahr wieder; das Getreidekorn wird, wie ein Leichnam, in die Erde vergraben, und aus ihm sprießt neues Leben. Wir haben gesehen, daß dieser Vorgang des periodisch sterbenden und wiedererstehenden Lebens sich in Ägypten an die Gestalt und das Schicksal des Osiris heftet; an diesen verehrtesten Totengott haben Hunderte von Generationen ihre Hoffnung geknüpft. Ein Nachleben dieses Glaubens kann man heute noch in Süditalien beobachten: Am Karfreitag wird in den Kirchen schnell keimender Samen auf feuchte Tücher gestreut, so daß er bis zum Tag der Auferstehung Christi lange frische Triebe entwickelt. So haben schon die Ägypter in ihre Gräber oft mit Körnern bestreute Bretter, vielfach in den Umrissen einer Osirisfigur, einen sogenannten Kornosiris, mitgegeben und sie vor dem Verschluß des Grabes begossen, so daß sie nach der Beisetzung zum Keimen kamen.

Nicht nur die Vegetation bietet dem Menschen ein Muster dafür, daß das Sterben kein endgültiger Tod sei, sondern ihm ein weiteres Leben folge, auch zahlreiche *Tiere* stehen Modell; solche, die einen Winterschlaf halten, den die Menschen nicht als solchen erkannt haben, oder solche, die sich auf unerklärliche Weise fortpflanzen wie der Mistkäfer, der Ateuchus sacer oder Skarabäus, aber auch Tiere wie die Eidechse, der Fennek, Wüstenhase, Igel oder Frosch, die vorübergehend verschwinden und dann wieder erscheinen [1]. Tiere, bei denen die Ägypter einen Regenerationsprozeß zu sehen glaubten, spielen daher in Darstellungen aus dem Bereich des Totenglaubens eine besondere Rolle.

Während das Versiegen und Schwellen des Nils nur gelegentlich als Symbol für Sterben und Auferstehen begegnet, knüpfen sich viele Hoffnungen an die *Sterne,* ja diese Verknüpfung mit den Sternen hat weitgehend den Jenseitsglauben der Pyramidentexte, d. h. die Hoffnungen der Könige des Alten Reiches bestimmt und sogar auf

---

[1] S. dazu E. Hornung und E. Staehelin, Skarabäen und andere Siegelamulette aus Basler Sammlungen, 1976, S. 106 ff.

den Bau der Pyramiden eingewirkt, indem die Achse der Pyramiden dieser Zeit nach Norden orientiert ist und ein „Luftschacht" der Sargkammer zum Polarstern führt. Um den Polarstern kreisen die „Niemals-Verschwindenden", die Circumpolarsterne, als ein Bild und begehrtes Ziel der Unsterblichkeit, und es scheint, daß in älterer Zeit der Ach eines Menschen, eine Art Seele (s. u. S. 141 f.), geradezu als Stern weiterlebte, also wohl die Sterne als Verstorbene galten. Und wenn auf fast allen menschenförmigen Särgen des 2. und 1. Jahrtausends entweder auf der Brust des Toten oder im Deckel oder auch auf dem Boden ein Bild der Himmelsgöttin Nut dargestellt ist, so liegt dem die Hoffnung zugrunde, die Göttin möge zusammen mit den Sternen, die sie jeden Abend immer wieder so zahlreich zur Welt bringt, auch den Verstorbenen neu gebären.

Die Anlage der Pyramiden ändert sich in der Mitte der 12. Dynastie, bei Sesostris II.: Der Eingang liegt nicht mehr im Norden, weist also nicht mehr zum Polarstern, die inneren Gänge sind geknickt, der Eingang liegt bei jeder Pyramide an anderer Stelle – die Abwehr von Grabräubern scheint wichtiger als die Orientierung nach den Sternen. An die Stelle des Nachthimmels ist die Sonnenbahn getreten, und die Verbindung der Pyramide zum Tagesgestirn äußert sich in der Spitze des Baus. Diese besteht aus einem Schlußstein mit zwei Augen auf der Ostseite, über einer großen Sonnenscheibe. Der Text lautet: „König Amenemhet schaut die Vollkommenheit der Sonne. Geöffnet ist das Gesicht des Königs Amenemhet, so daß er den Herrn des Horizontes (d. i. die aufgehende Sonne) sieht, wie er den Himmel befährt . . ."[2] Die *Sonnenbahn* ist zur maßgebenden Hoffnung für das postmortale Fortleben geworden, und zwar sowohl die Tagessonne wie die nach dem „Sterben" von Westen nach Osten, zu neuem Aufgang fahrende Nachtsonne. Von nun an bleibt während der klassischen Zeit die Sonne das wichtigste Hoffnungssymbol – wenn wir das Wort „Symbol" in seiner ganzen Bedeutungsfülle nehmen, also als ein über sich hinausweisendes, kraft-

---

[2] Cl. Vandersleyen, Das Alte Ägypten, Propyläen-Kunstgeschichte, Bd. 15, 1975, Abb. 56.

spendendes, ja etwas bewirkendes Zeichen, nicht nur als Wort, das Assoziationen hervorruft.

Täglich „stirbt" die Sonne, wird aber am Morgen wieder geboren; ihr Tod ist also nur ein scheinbarer, ein zu überwindender. Immer wieder nehmen die Ägypter ein Symbol – besonders in einer derart existentiell wichtigen Frage wie der des ewigen Lebens, genauer: der des neuen Lebens nach dem Sterben – so real, daß sich konkrete Vorstellungen und entsprechende Wünsche damit verbinden, so hier: im Sonnenschiff (der Himmel ist Wasser, die Sonne fährt in einem Boot) mitfahren zu dürfen.

Am kosmischen Kreislauf der Gestirne teilhaben zu können, bedeutet „Unsterblichkeit", und seit den frühsten uns in Texten greifbaren Jenseitsvorstellungen begegnet uns dieser Wunsch, sei das Jenseits nun an den Sternenhimmel oder in die Unterwelt lokalisiert oder gar beides nebeneinander.

Wie aber gelangt man ins Sonnenschiff? Wieder ist die Antwort höchst konkret, wenn man einmal das ägyptische Weltbild zugrunde legt: Die Stelle, an der die Sonne die Erde berührt, bevor sie an den unerreichbaren Himmel steigt, also der Ostberg, über dem sie am Morgen im Niltal erscheint, ist der gegebene Ort für den Einstieg ins Schiff. – Eine andere Möglichkeit der Wiederbelebung, besser der Lebenserneuerung, stellt der Versuch dar, die Sonne ins Grab zu bringen, sei es durch Darstellungen, sei es durch andere, hier nicht näher zu behandelnde Vorkehrungen[3]. Nachdem die Sonne die Trägerin erneuernder Kräfte ist, wird sie auch den Toten in seinem Grab immer dann beleben, wenn sie dies Grab durchfährt; die Königsgräber des Neuen Reiches scheinen ihre Gänge und Hallen, vor allem aber die ihre Wände bedeckenden Texte weitgehend solchen Vorstellungen zu verdanken. Aber auch auf fast keinem Sarg, vom Neuen Reich an, fehlt (neben der Himmelsgöttin) die Sonne auf der Brust des Verstorbenen.

Sternhimmel, Sonnenbahn, Pflanzen- und Tierreich – Fragen von so generellem Charakter wie die nach dem Weiterleben sind nicht

---

[3] H. Brunner, Vom Sinn der Unterweltsbücher, in: SAK 8, 1980, S. 79–84. E. Hornung, Tal der Könige, 1982, 109f.

mit einer Antwort befriedigt. Wieder stehen viele und vielfältige Aussagen nebeneinander, auch wenn sie für unsere Vorstellung unvereinbar sind – es geht in der Religion nicht um Verstandesschärfe, sondern um das Erfassen von Urphänomenen, die Proteus-Charakter haben.

Von einem *Totengott* zu sprechen ist nicht möglich, da ein so lebensentscheidender Vorgang wie der Tod und seine Überwindung viele Aspekte hat, deren jeder für sich einer göttlichen Entsprechung bedarf. Der Gott der Mumifizierung wie überhaupt der Begräbniszeremonien ist Anubis, der Schakal, den man wohl oft genug in Friedhöfen antraf, da er ein Aasfresser ist. Dann hat wohl jede größere Stadt ihren eigenen Friedhofsgott; der von Memphis, der Hauptstadt des Alten Reiches, nämlich Sokar, hat Bedeutung über seine Hauptverehrungsstätte hinaus gewonnen. In Theben entspricht ihm weitgehend Hathor, von der schon oben die Rede war (S. 21 ff.). Von der Himmelsgöttin Nut, die den Verstorbenen jeden Tag neu gebären soll wie einen Stern oder wie die Sonne, war schon die Rede, aber auch ihr Gatte Geb wird in den Totenglauben einbezogen, indem er den Toten zu Nut bringt, also an den Himmel hebt. Dort wandert er dann am Leibe der Nut bzw., am Tage, in diesem Leib vom Mund (im Westen, wo die Nut die Gestirne verschluckt) bis zum Schoß, wo sie ihn neu gebiert. Die bedeutendste Gestalt im Totenglauben aber ist Osiris, der Gott, der die menschliche Not des Sterbens hat erfahren müssen und der nun in der Unterwelt den Königsthron innehat; von seinem Entscheid hängt das Los des Verstorbenen ab.

An ihn, aber auch an den die Unterwelt durchziehenden Sonnengott knüpft sich eine der fruchtbarsten Ideen, die die Ägypter überhaupt in ihrer Religion entwickelt haben, der Gedanke eines *Jenseitsgerichtes*, in dem das Los der einzelnen Verstorbenen entsprechend ihren Taten auf Erden bestimmt wird. Es scheint, daß alle Vorstellungen eines solchen Gerichts in anderen Religionen, jedenfalls um das Mittelmeer und den davon abhängigen Bereichen, von Ägypten bestimmt sind.

Seit etwa 2000 v. Chr. ist in Ägypten der Glaube an ein allgemeines Gericht bekannt, nachdem schon früher solche Menschen verurteilt werden konnten, gegen die ein Kläger im Jenseits auftrat. Dabei konnte sogar ein Tier gegen einen König Klage erheben:

> Nicht liegt gegen den König die Anklage eines Lebenden vor,
> nicht liegt gegen den König die Anklage eines Toten vor,
> nicht liegt gegen den König die Anklage einer Gans vor,
> nicht liegt gegen den König die Anklage eines Rindes vor[4],

wobei die Gans für die Tiere der Luft, das Rind für die Tiere der Erde stehen. Oft werden Grabräuber damit bedroht, der verstorbene Inhaber des Grabes werde sie vor ein Jenseitsgericht zitieren. Darüber hinaus scheint es zu dieser Zeit auch gelegentlich schon, vielleicht als ein arcanum, die Vorstellung eines allgemeinen Gerichtes gegeben zu haben.

Um 2000 lehrt dann ein König seinen Sohn und Nachfolger: „Der Gerichtshof, der die Elenden richtet, du weißt, daß sie nicht milde sind an jenem Tage, da die Unglücklichen verurteilt werden ... Schlimm ist es, wenn der Ankläger allwissend ist. Vertraue nicht auf die Länge der Jahre: sie sehen die Lebenszeit wie eine Stunde an. Nach dem Sterben bleibt der Mensch allein, und seine Taten werden auf einen Haufen neben ihn gelegt. Dort bleibt man in Ewigkeit, und wer sich darüber beklagt, ist ein Tor. Wer es (das Jenseits) aber erreicht, ohne Unrecht getan zu haben, der wird dort sein wie ein Gott, frei schreitend wie die Herren der Ewigkeit"[5].

Im Neuen Reich werden diese Vorstellungen dahingehend ausgebaut, daß sich das Gericht, vor dem sich jeder Ägypter, vom Pharao bis zum Sklaven, vor einer nicht geringen Zahl von Richtern unter dem Vorsitz des Osiris oder des Sonnengottes zu verantworten hatte, nicht auf eine „Beichte" verließ, in der der Verstorbene seine Verfehlungen zu bekennen hatte. Einem solchen Geständnis steht nach ägyptischer Auffassung vor allem auch entgegen, daß jedes ausge-

---

[4] Pyr. 386 a/b.
[5] Lehre für Merikare P 53–57. Weitere frühe Belege für ein Totengericht bei R. Grieshammer, Das Jenseitsgericht in den Sargtexten, Ägyptolog. Abhdlgn. 20, 1970.

sprochene Wort Realitäten schafft, daß also eine Sünde durch Bekennen an Wirklichkeit gewinnen würde. Daß zudem das Gedächtnis unzuverlässig ist, daß jeder Mensch gerade Unangenehmes in sein Unbewußtes versenkt, werden die Ägypter kaum rational erkannt, aber eben doch erfahren haben – kurz, das Totengericht arbeitet anders.

Jeder Verstorbene hat in der Halle der Wahrheit ein im Wortlaut festgelegtes Formular aufzusagen, das in der uns vorliegenden Form aus dem Neuen Reich deutliche Spuren eines langsamen Wachstums zeigt und im Kern aus dem Mittleren Reich stammen dürfte. Dieses sogenannte „negative Bekenntnis" besteht im wesentlichen aus Negationen: „Ich habe nicht getötet, ich habe nicht verleumdet, ich habe nicht weinen gemacht" usw. Die verneinten Sünden sind teils solche gegen die Gemeinschaft, etwa Verändern von Gewichten oder Verschieben von Ackergrenzen, teils Verfehlungen gegen Tempel und Kult, etwa Diebstahl von Tempeleigentum, teils Brechen von Tabus, teils vielleicht auch Schädigungen der eigenen Person (sexuelle Perversitäten). Ethisches und Kultisches erscheint ungeschieden neben- und durcheinander – die Ägypter haben beides nicht getrennt, konnten es bei ihrer Weltsicht gar nicht.

Daß dies Formular durchaus lebendig empfunden wurde, also zwar durch Tradition geheiligt, aber keineswegs leer war, zeigt ein Zusatz in einem für einen König bestimmten Papyrus. Bei Tötung, dem schwersten Verbrechen, gilt auch die Anstiftung als Sünde, und der Verstorbene muß versichern, „Ich habe nicht getötet, ich habe auch nicht zu töten angeordnet". Der König als oberster Gerichtsherr aber hat ex officio Todesurteile auszusprechen oder zu bestätigen, so daß diese Versicherung unwahr wäre, und so wird sie bei ihm durch einen Zusatz abgeändert in „ich habe nicht unrechtmäßig zu töten angeordnet".

Das Verfahren des Totengerichts war folgendes: Vor den Richtern war eine Waage aufgebaut, in deren einer Schale das Herz des Toten lag als das Organ des Gedächtnisses, das alle biographischen Einzelheiten seines Trägers kannte. In der anderen Schale lag als Gegengewicht das Schriftzeichen oder ein Symbol der „Wahrheit", genauer der Ma'at (s. S. 32), eine Feder oder eine Götterfigur. Solange die vom Verstorbenen abgegebene Versicherung der Wahrheit entsprach, er also die genannte Sünde nicht begangen hatte, blieb die Waage im Gleichgewicht, doch jede Abweichung beschwerte das Herz und ließ die leichte Gegenschale steigen. Der Protokollant, der Gott Thot, machte auf seinem Schreibgerät einen Strich, sobald der Waagebalken aus dem Gleichgewicht geriet. Auf Grund seines Ergebnisses wurde dann das Urteil gesprochen, das – wie beim christlichen Jüngsten Gericht – nur „selig" oder „verdammt" lauten konnte. Allerdings wird noch ein Korrektiv eingebaut: Das Lebenslos findet Beachtung, Elend oder früher Tod mildern das Urteil (s. u. S. 136).

Die Verdammten verfallen der „Fresserin", werden von einem Untier, einer Mixtur von Krokodil, Nilpferd und Löwe, einer Art Höllenrachen verschlungen und damit vernichtet. Das ist ein Kürzel für die Verdammnis, die in anderen Wandbildern in manchen Einzelheiten ausgebreitet wird: Die Verdammten werden in Kesseln gekocht, in Feuergruben oder Feuerseen verbrannt, müssen auf dem Kopf gehen usw., Urbilder mittelalterlicher Höllenausmalungen[6].

Die Seligen dagegen setzen ihr Leben, wenn auch unter anderen Bedingungen, fort. Von der Existenz in den unterirdischen Höhlen, die der Sonnengott des Nachts durchfährt, werden wir noch hören. Wie die Menschen an vielen Stellen der Erde, so stellten sich auch die Ägypter das Leben nach dem Tode als eine *Fortsetzung des irdischen* vor, freilich für die Seligen unter erleichterten Bedingungen. Da sich diese Vorstellungen offensichtlich im Alten Reich geformt haben und damals das Bauerntum mit seinen Verrichtungen das Leben bestimmte, hatten die Verstorbenen auch im Jenseits das Land zu bestellen. Allerdings war die Arbeit erleichtert dadurch, daß ausreichend viele Wasserströme das Feld umgaben und daß das Getreide reichlich Frucht trug. Diese Konzeption eines Jenseits mit Landarbeit hat freilich, trotz der Erleichterung gegenüber der diesseitigen Arbeit, die Beamten des Neuen Reiches, die in weißen, oft plissier-

---

[6] E. Hornung, Altägyptische Höllenvorstellungen, Abh. d. Sächs. Akad. d. Wiss., Bd. 59, 3, 1968.

ten Gewändern zu gehen pflegten und körperliche Arbeit verachteten, recht erschreckt; wieder bot die Magie einen Ausweg an: Man nahm kleine Figuren mit ins Grab, die, mit landwirtschaftlichen Geräten ausgerüstet, als eine Art Stellvertreter die Arbeit, zu der der Verstorbene etwa aufgerufen werden könnte, verrichten sollten. Ein entsprechender Spruch ist diesen sogenannten *Uschebtis* aufgeschrieben. Es sei hinzugefügt, daß auch Könige des Neuen Reiches bei Feldarbeit dargestellt waren und Uschebtis mit ins Grab nahmen – das Jenseits wird als Land bezeichnet, „das die Menschen mischt".

Meist aber wird das Los der Seligen nicht weiter ausgemalt, vielmehr allgemein als Gottesnähe aufgefaßt. Wenn auch das Totengericht mit seinen ethischen Implikationen viel Hoffnung zuläßt, so steht es doch für die Ägypter innerhalb einer großen Reihe von Gefahren, denen sich der Verstorbene ausgesetzt sieht.

Nicht nur die Sorge vor Verhungern und – in dem heißen Klima – Verdursten, die Angst vor der Finsternis des Grabes oder der Unterwelt, vor der mangelnden Bewegungsfreiheit sind es, die das Leben nach dem Tode fürchten lassen, sondern jenseitige Wesen bedrohen den hilflosen Menschen auch auf dem Wege zur Seligkeit, d. h. ohne daß er sich gegen Gottes Ordnung auf Erden vergangen hatte – das Grundgefühl des Ausgeliefertseins an gefährliche Mächte, eine grundsätzliche Existenzangst, schlägt sich in solchen Vorstellungen nieder. Einer Form der nachtodlichen Existenz, der BaSeele in Vogelgestalt, drohen riesige Vogelsteller, Netze zwischen Himmel und Erde aufzuspannen, in denen sich die „Seele" verfangen kann. Unangenehme Wächter weigern sich, die Tore zu öffnen, die der Verstorbene zu durchschreiten hat, Fänger schnappen ihn, fesseln ihn, sperren ihn in Gefängnisse, Flammen bedrohen sein Leben, Folterknechte verwunden ihn, verstümmeln seinen Leib, überall lauern Gefahren – des Schreckens ist kein Ende[7].

Wo findet der Mensch gegen solch furchtbare Bedrohungen Hilfe? Gewiß, man kann Götter anrufen, besonders solche, denen man sich im Leben ergeben hat, oder solche, die im Jenseits besonders wirksam sind, an der Spitze Osiris, der ja selbst alle Todesgefahren

---

[7] J. Zandee, Death as an Enemy, 1960.

überwunden hat. Vor allem ist es das *Ritual,* auf das der Ägypter, wie im Götterkult der Tempel, so auch im jenseitigen Leben setzt. Wer den drohenden Gefahren mit festgelegten Sprüchen zu begegnen weiß, der vermag ihrer Herr zu werden, Wissen ist in solchen Dingen wahrhaft Macht.

Aus diesem Geiste sind die großen Text-Sammlungen entstanden, teilweise schon die *Pyramidentexte* des Alten Reiches, dann aber vor allem die *Sargtexte,* die im Mittleren Reich auf die Innenseiten der Särge geschrieben waren, und das berühmte *Totenbuch,* das, auf Papyrusrollen geschrieben und oft mit sorgfältigen Bildern illustriert, Verstorbene vom Neuen Reich bis zum Ende der ägyptischen Kultur begleitet hat, oft auch auszugsweise auf den Wänden der Gräber oder auf Särgen geschrieben steht[8].

„Ich kenne dich, ich weiß deinen Namen", versichert der Tote, oder er nimmt die Rolle eines Gottes an, besonders die des Horus, der auf dem Wege zu seinem Vater Osiris in der Unterwelt gleichsam einen allvermögenden Passierschein hat.

Wie früher ausgeführt, gehört es zum Wesen der *Magie,* daß der Zauberer sich mit einer Macht identifiziert, und diese Gleichsetzung geschieht durch das behauptende, autorisierte Wort. Ethik und rituelle Magie stehen gegeneinander, aber die Magie lockt durch die Sicherheit, mit der sie großmäulig Erfolg verspricht; auch von dem zunächst ethisch-kultisch konzipierten Totengericht hat sie Besitz ergriffen. Durch das vollgültige Aussprechen von Formeln wird der Verstorbene „von seinen Sünden getrennt", braucht also ihre Folgen nicht zu tragen. Auch die Bilder des Totenbuches, zu dessen Bestand als Spruch 125 das Negative Sündenbekenntnis zählt, haben teil an der Magie: In der Regel wird der Wägemeister Anubis oder auch der Protokollant Thot dargestellt, wie er mit der Hand die Waagschale festhält, so daß sie nicht sinken, der Waagbalken also nicht in die gefürchtete Schräglage geraten kann.

---

[8] Übersetzungen: Pyramidentexte von R. O. Faulkner, The Ancient Egyptian Pyramid Texts, 1969; Sargtexte: Ders., The Ancient Egyptian Coffin Texts I–III, 1973–1978; Totenbuch: E. Hornung, Das Totenbuch der Ägypter, 1979.

War die ägyptische Religion zu allen Zeiten in Gefahr, über das Ritual in die Magie zu versinken, so hat sie sich doch im allgemeinen dagegen mit Erfolg gewehrt; nur im Totenglauben sind die meisten Texte und Bilder magischen Charakters, drohend, zwingend, ungeheure Ansprüche erhebend. Nur durch soziale Vielschichtigkeit ist es zu erklären, daß gleichzeitig und bis in hellenistische Zeit hinein neben der massiv rituell-magischen Auffassung auch die ethische Konzeption des Totengerichts lebendig geblieben ist. Die biblische Geschichte vom armen Lazarus und dem reichen Mann (Lukas 16, 19–31) geht auf eine ägyptische Quelle zurück, die besagt, daß eine noch so reiche Grabausstattung und – wir dürfen ergänzen – auch ein vollkommenes Ritual keine Seligkeit garantieren. Im Gegenteil, seit der frühesten Bezeugung des Totengerichtes ist der Ägypter gewiß, daß beim Urteil über das Schicksal im Jenseits die Taten im Leben entscheiden, aber auch das Lebensschicksal berücksichtigt wird: ob arm oder reich, ob früh gestorben oder lebenssatt, wirkt jeweils mildernd oder verschärfend. Dazuhin haben die Ägypter (im Spruch 30 des Totenbuches) noch unterschieden zwischen dem, was der Mensch von seiner Mutter mitbekommen hat, also der Erbanlage, und den Umwelteinflüssen, unter denen er aufgewachsen ist.

Hat nun der Verstorbene mittels der Rituale, mit Hilfe eines Gottes oder auch durch einen ma'at-gemäßen Lebenswandel drohende Gefahren überwunden, so tritt er in eine neue Existenzform ein. Zwar kennen die Ägypter keine Wiedergeburt in dem Sinne, daß der Mensch erneut auf die Erde kommt, vielmehr ist das Fortleben weitgehend an eine andere, den Menschen auf Erden unzugängliche Welt gebunden. Von diesem Bereich muß nun noch ebenso die Rede sein wie von dem Einwirken Verstorbener in diese irdische Welt; zum Schluß sollen skeptische Stimmen zu Worte kommen.

In ihrer Sprache machen die Ägypter den Einschnitt zwischen Leben und Tod an anderer Stelle als wir. Einerseits können sich Menschen, die für unsere Begriffe durchaus leben, als „tot" bezeichnen, z. B. Reisende in ein fernes Land, ja sogar im Niltal selbst, oder Menschen, die aus irgendeinem Grunde vorübergehend aus ihrer

Gemeinschaft ausgeschlossen sind, sei es durch eine Krankheit, ja auch nur durch eine sie isolierende Arbeit; andererseits werden als tot nur solche Verstorbenen bezeichnet, die den drohenden Gefahren, besonders dem Totengericht zum Opfer gefallen sind, die also dem „zweiten Tod" anheimgegeben wurden, während die Verstorbenen, die alle Gefahren überstanden haben, „leben". Es ist bezeichnend, daß von den zum zweiten Mal Gestorbenen, also den Verurteilten, nur kollektiv und in einem mythischen Sinn gesprochen wird als von „Gottesfeinden" – zu groß ist die Gefahr, daß eine andere Redeweise, die namentlich genannte Personen in diese Gruppe einbezöge, Realitäten schafft oder erhärtet.

Bei den bildlichen oder textlichen Schilderungen des Jenseits, also des Bereiches, in dem die Verstorbenen fortleben, können wir schwer etwas darüber aussagen, woher die „Kenntnisse" der Ägypter stammen. Träume kommen gewiß in Frage, ebenso aber Wunschvorstellungen, denen eine Fixierung durch Bild und Schrift Realität verleihen sollte. Phantasie ist ein unzureichender Begriff, liegen doch den Vorstellungen Erfahrungen und Weltdeutungen zugrunde.

Eine erst seit kurzem angegrabene, noch keineswegs voll erschlossene Quelle sind die *Unterweltsbücher,* die, im Neuen Reich geschaffen, vor allem auf den Wänden der Königsgräber erhalten sind[9]. Hier wird die nächtliche Fahrt des Sonnengottes durch die Unterwelt geschildert. Dabei erleben ihn die Bewohner dieses Bereiches, die Verstorbenen. Der Gott fährt durch eine große Höhle auf einem Fluß, an dessen beiden Ufern die Menschen zusammen mit „Göttern" leben – wir würden sie eher „Dämonen" nennen, welchen Begriff die Ägypter aber nicht haben. Da diese Unterwelt in zwölf durch Tore voneinander getrennte Bereiche gegliedert ist, werden die dort zwischen zwei Toren lebenden Wesen im Laufe von 24 Stunden nur während einer einzigen des Sonnenlichtes teilhaftig; die übrige Zeit verbringen sie in einem Dunkel, das nur durch Flammen erhellt wird, die von den „Dämonen" ausgehen. Selige wie Ver-

---

[9] Übersetzung: E. Hornung, Ägyptische Unterweltsbücher, 1972; dazu ders., Tal der Könige, 1982.

dammte leben dort. Ersteren teilt der Sonnengott bei seiner Durch-
fahrt den Lebensbedarf zu, sie verehren ihn und begrüßen ihn mit
Jubel, am Ende der „Stunde" brechen sie in Klagerufe aus. Nach dieser Vorstellung ist das nachtodliche Leben so wenig beglückend-pa-
radiesisch wie das der Griechen im Hades, wenn schon nicht für die
„Seligen", um so weniger für die „Götterfeinde", die dort die
furchtbaren Strafen erleiden, von denen oben (S. 133) die Rede war.

Das zentrale Thema dieser „Bücher" freilich ist die Vorbereitung
der Neugeburt der Sonne, ihre Verjüngung. Am Abend geht sie ge-
altert durch das Westtor des Himmels in die Unterwelt, am Morgen
steht sie in voller Kraft wieder auf. Die Vorgänge um sie in der Nacht
sind also von höchster Bedeutung auch für die menschliche Hoffnung auf eine Neubelebung nach dem Sterben. Die 12 Stunden der
Nacht bergen auch für den Sonnengott manche Gefahren, besonders
von Apophis, dem Urdrachen, der die Schöpfung verneint und sie
am liebsten vernichten möchte, der etwa, um die Fahrt des Gottes im
Schiff zu verhindern, das Fahrwasser aussäuft. Die Gefolgsleute des
Sonnengottes bekämpfen ihn, wobei dem Seth als robustem Krieger
eine Hauptrolle zukommt.

Diese Werke enthalten eine Fülle von Symbolen, die zugleich eine
bildhafte Poesie entwickeln. Es ist verständlich, daß die Könige sie
sich in ihre Gräber mitnehmen, sollte doch dadurch wie durch die
besonderen architektonischen Vorkehrungen hier ein mythischer
Ort hergestellt (s. o. S. 61 f.) und die Sonnenbahn nachts in das jeweilige Grab gelenkt werden, so daß der König am Vorgang der Verjüngung des Sonnengottes unmittelbar teilhaben konnte. Es ist
verständlich, daß diese Texte, denen man eine solch entscheidende
magische Kraft zuschrieb, geheim bleiben sollten, wenn man gleichzeitig fürchtete, daß die Sonne nicht alle Menschen würde versorgen
können. Deshalb war man darauf bedacht, daß nichtkönigliche Personen keinen Zugang zu diesen Büchern hatten.

Bevor wir uns dem Los dieser nichtköniglichen Verstorbenen
zuwenden, die nicht dem „zweiten Tod" im Gericht verfallen sind,
haben wir zunächst drei zentrale Begriffe einzuführen: Ka, Ba und
Ach. Die älteste greifbare Vorstellung vom Leben nach dem Tode

– von schwer interpretierbaren archäologischen Befunden aus der Vorgeschichte abgesehen – verbindet sich mit dem Ka. (Wir verzichten auf jeden Versuch einer Übersetzung dieser Begriffe, da „Seele" oder „Geist" ganz andere Assoziationen hervorrufen, die nur in die Irre führen, und das gilt ebenso für Vokabeln, die aus der Ethnologie stammen wie "external soul". Uns kommt es gerade auf die unterscheidenden Merkmale dieser drei ägyptischen Begriffe an.)

Der *Ka* wird mit einem Menschen geboren, kann ihm aber auch später durch Umarmung zuteil werden. Eine Leiche unterscheidet sich von einem lebendigen Menschen zunächst dadurch, daß etwas Unsichtbares, aber höchst Wirkungsvolles fehlt, eine Art Lebenskraft, eben der Ka. Sein Zeichen sind zwei ausgebreitete, wohl zu einer Umarmung nach vorn gehaltene Arme. Diese Kraft verläßt den Menschen beim Tode, und wenn er nach dem Sterben weiterleben will, so muß er sich wieder mit diesem Ka vereinigen, er „geht zu seinem Ka", wie ein euphemistischer Ausdruck für Sterben lautet. Durch die Beobachtung, wie bei einem Hungernden die Lebenskraft schwindet, legt sich der Gedanke nahe, daß der Ka des Essens und Trinkens bedarf. Im Grabe, wo er für das Fortleben unentbehrlich ist, wird ihm als Wohnung eine Statue angeboten und die Opfer für einen Verstorbenen im Alten Reich werden dieser Ka-Statue dargebracht. Durch eine „Scheintür", das ist eine aus dem Stein gehauene, für Lebende nicht zu öffnende Tür, tritt der Verstorbene als Ka zur Opferstelle und nimmt die Opfer in Empfang. „Nachdem sich sein Ka daran befriedigt hat", wie die Formel lautet, verzehren die Totenpriester die Speisen: Das war ihre Entlohnung. Gabenbringer wie Opfernde begleiten ihre Speise- oder Getränkegaben mit der Formel „Für deinen Ka!", ein Wunsch, der später, als der Ka-Glaube versandet war, zu der schlichten Bedeutung „Zum Wohl!" verblaßte.

Diese Vorstellungen waren im Alten Reich lebendig, aber da nur die Bessergestellten unter den Beamten sich eigene Statuen leisten konnten und der König die Gunst einer reichen Grabausstattung mit Statue nur ihm persönlich bekannten Leuten gewährte, wissen wir nicht, wie die Jenseitshoffnungen des einfachen Mannes aussahen, zumal ihm auch gewiß keine Nahrungsmittel als Opfer dargebracht werden konnten, auch nicht immer als einmalige Beigaben.

Bleibt so der Ka-Aspekt des Menschen – denn um einen solchen handelt es sich eher als um einen Teil, der sich mit anderen zu einem Ganzen addierte – der materiellen Totenfürsorge verhaftet, so mußte diese Ansicht nach dem Zusammenbruch des Alten Reiches, als der Totendienst unterblieb und die meisten Gräber verfielen, mehr und mehr unbefriedigt lassen. Der Ka-Glaube erstarrte und trat an Bedeutung zurück, ja er verschwand im Totenglauben fast ganz und hinterließ nur einige Formeln (dagegen behielten die Vorstellungen vom Ka ihre Bedeutung in der Königstheologie und im Problemkreis um die Eigenschaften und Einwohnungen der Götter und ihre Kraft, doch muß dies Problem in vorliegendem Abriß beiseite bleiben).

Im Totenglauben wurde der Ka historisch abgelöst durch den *Ba,* einen Aspekt des Menschen, der sich meist als Vogel manifestiert, oft mit Menschenkopf dargestellt, wohl um ihn von gewöhnlichen Vögeln zu unterscheiden. Dieser Ba, der erst beim Tode in Erscheinung tritt, beim lebenden Menschen aber – im Gegensatz zum Ka – kaum eine Rolle spielt, ist vor allem beweglich, steht für die ersehnte Bewegungsfreiheit, die nach dem Sterben wiederzugewinnen ist.

Auch er ist nicht ganz unabhängig von materieller Versorgung, doch braucht er weder Speise noch Opferformel, nur Wasser. Um ihn in die Nekropole zu locken, ihm dort einen angenehmen Aufenthalt zu bieten, haben die Ägypter keine Anstrengungen gescheut, in dem Wüstengebiet, in dem sie ihre Toten bestatteten, Wasserstellen zu schaffen. Tiefe Brunnen, auch mit Hebevorrichtungen (wie in Tuna el-Gebel), zeugen ebenso davon wie die Teichdarstellungen in den Grabbildern. Zwar gehört der Ba, der Vogel, „zum Himmel", während der Leichnam, die Mumie, „zur Erde gehört", aber sie müssen sich immer wieder vereinigen, denn damit beginnt der Verstorbene wieder zu atmen. Da der Leichnam nicht zum Ba kommen kann, nachdem er unbeweglich ans Grab gebannt ist, muß der bewegliche Vogel-Ba zu ihm fliegen, also in die Nekropole gelockt werden – und das geschieht durch Wasserstellen.

Die Nachrichten vom Ba, die wir in individuellen Totentexten lesen, die also auf das Schicksal eines einzelnen, namentlich Genannten bezogen sind, fügen sich nicht recht mit den allgemeinen Schilderungen der Unterweltsbücher zu einem einheitlichen oder auch nur widerspruchsfreien Bild vom Jenseits zusammen, haben sie doch verschiedene „Zwecke". Immerhin berichtet ein kosmologischer Text einmal, daß der Aufenthalt der Ba-Vögel der Norden der Welt sei. Dort nisten sie und kommen dann nach Ägypten, um Nahrung zu sich zu nehmen und – so dürfen wir wohl ergänzen – sich mit der Mumie (vorübergehend) zu vereinigen. Daß diese Aussagen sich an Beobachtungen der Zugvögel orientieren, leuchtet sofort ein. Der für eine Neubelebung des Toten entscheidende Vorgang einer Vereinigung von Ba und Leichnam wird in Gräbern des Neuen Reiches oft dargestellt; ihm gilt der Spruch 89 des Totenbuches.

Die Ba-Vorstellungen werden ausgebildet in der geistigen Umwelt des Mittleren Reiches, in dem, im Gegensatz zum Alten Reich, die Jenseitshoffnungen nicht nur auf die wenigen Besitzer eines gut ausgestatteten Grabes Rücksicht nahmen, sondern auch auf weite Kreise ärmerer Bevölkerung. Auch hier ist zu betonen, daß der Ba nicht ein Teil des Menschen ist, sondern ein Aspekt des ganzen Menschen. Physische wie psychische Lebenskraft des Verstorbenen findet vom Mittleren Reich ab ihren Ausdruck in der Ba-Vorstellung. Der Ba ist neben anderen eine Seinsweise der Individualität des Verstorbenen, und zwar vor allem die der großen beweglichen Freiheit (in scharfem Gegensatz zum Ka, der statisch an Grab und Unterwelt gebunden blieb) zwischen Himmel, Erde und Grab. Zugleich ist der Ba eine den Lebenden sichtbare Manifestation der Verstorbenen, freilich ohne daß sich damit die Vorstellung irgendeiner Einwirkung in diese Welt, weder im Guten noch im Bösen, verbände.

Ein dritter wichtiger Aspekt des Toten ist der *Ach* [10], auch er eine Lebenskraft wie der Ka, auch er (im Unterschied zum Ka) beweglicher Natur. Es scheint, daß Ach zunächst eine Bezeichnung für „Strahl", besonders Sonnenstrahl ist, jedenfalls eine Kraft, die bei der Schöpfung wirkt, die dem Schöpfergott eignet; eine Kraft, mit deren Hilfe die Schöpfung ins Werk gesetzt wird. Es versteht sich leicht, daß der Mensch sich dieser Kraft be„mächtigen" möchte, um

---

[10] G. Englund, Akh. Acta Univ. Upsaliensis, Boreas 11, 1978.

nach dem Sterben wieder zu leben. Er gelangt dazu durch Wissen, das er zu Lebzeiten erwerben kann, durch Riten, die an seinem Grabe vollzogen werden und die ihn zu einem Ach „verklären", aber auch durch selbsttätig wirkende Inschriften in seinem Grab bzw. auf seinem Sarg, und schließlich auch durch Texte, die er selbst nach seinem Tode rezitiert, die also von ihm in der 1. Person sprechen. Aber auch die Götter, die die Ach-Kraft in hohem Maße besitzen, vor allem Re und Osiris, können ihm helfen, ein Ach zu werden.

Derart ausgestattet, vermag der Mensch den drohenden Gefahren im Jenseits zu begegnen. Die Macht eines Ach ist zunächst auf Leben ausgerichtet, sie schafft ihrem Besitzer Leben. Moralisch ist sie neutral, sie kann ebenso gut wie böse sein, ist Macht an sich.

Ach ist auch die Gestalt, in der der Verstorbene auf Erden anderen Menschen erscheinen kann, in der er mit ihnen Beziehung aufnehmen, auf sie einwirken kann. „Wirksamer Ach" ist eine Bezeichnung für Gespenst. Ein Ach bedarf keiner Opfer und keiner Rituale mehr, wenn der Verstorbene erst einmal diesen Status erreicht hat. Er wird dann „wirksam" und kann den Lebenden nützen, wenn er ihnen freundlich gesinnt ist, z. B. seiner hinterbliebenen Familie; er kann aber auch schaden, etwa einem Mann, der sein Grab beraubt oder seiner Familie Übles antut. Nur als Ach, nicht als Ka oder Ba kann ein Verstorbener Lebenden erscheinen, und an diese Gestalt wenden sich Lebende – ob in Gebeten, können wir nicht sagen, jedenfalls aber in Briefen, die zum Grab des Verstorbenen gebracht werden und um Hilfe im Diesseits oder auch um Beistand vor einem Jenseitsgericht bitten, auch Hilfe gegen den Ach eines Feindes erflehen, also eines ebenfalls Verstorbenen. Ja, es können sogar Lebende eine schriftliche Anklage gegen einen böswilligen Ach vor einem Jenseitsgericht einbringen. So verklagt ein Witwer seine vor einigen Jahren verstorbene Frau vor diesem Gericht des Jenseits, daß sie ihn ständig verfolge und ihm keine Ruhe lasse. Der Papyrus mit der Klageschrift war an eine weibliche Holzfigur gebunden und auf das Grab der Frau gestellt. – In einer volkstümlichen Erzählung tritt ein vor vielen hundert Jahren Verstorbener als Ach einem einflußreichen Mann entgegen und verlangt von ihm, er solle sein verfallenes

Grab wiederherstellen[11]. So kommt dem Ach sowohl im „offiziellen", theologisch reflektierten wie im volkstümlichen Totenglauben eine bedeutende Rolle zu, und wenn Verstorbene in Grabinschriften, die außen, für alle lesbar angebracht waren, versichern, daß ein Totengebet nützlicher sei für den, der es spreche als für den, zu dessen Gunsten es gesprochen werde (o. S. 124), so spielt diese Formel gerade auf das helfende, nützliche Wirken eines Ach an.

Als „Lebenskraft" können also alle diese drei Erscheinungen oder Gestalten des Verstorbenen bezeichnet werden, doch erschließt sich das Wesen dieser drei Aspekte erst bei einer Differenzierung: Der Ka ist ein starres Prinzip, eng gebunden an Grab, Statue und Totenopfer; der Ba verkörpert die Sehnsucht nach Beweglichkeit, nach Verwandlung in andere Gestalten, besonders nach dem den Menschen unzugänglichen Bereich der Luft, nach der Möglichkeit, das Grab zu verlassen und erfreulichere Gegenden aufzusuchen; der Ach schließlich bringt dem Verstorbenen die ihm zunächst fehlenden Lebenskräfte, Kräfte, die auch bei der Weltschöpfung wirksam waren. Das geschieht durch in Vollmacht bei der Bestattung vollzogene „Verklärungsriten" (das entsprechende ägyptische Wort heißt „zu einem Ach machen"); wenn der Verstorbene auf diese Weise erst einmal ein Ach geworden ist, kann er, unabhängig von jeder Versorgung, frei über die Ach-Kraft verfügen und mit ihrer Hilfe sowohl den Gefahren im Jenseits begegnen, als auch – in deutlichem Unterschied zu Ka und Ba – auf die Welt der Lebenden einwirken, sei es als schützendes, sei es als gefährliches, rächendes, bedrohliches Gespenst.

Von weiteren Formen des Verstorbenen wie dem Schatten können wir hier schweigen – sie spielen nur eine untergeordnete Rolle. Wichtig für das Verständnis des Totenglaubens ist aber die wiederholte Feststellung, daß es keine Scheidung zwischen Körper und „Seele" gibt, daß vielmehr immer der ganze Mensch fortlebt, im Diesseits wie im Jenseits, genauer: daß eine Trennung nur vorübergehend ist. Zur Existenz hier wie dort bedarf es des ganzen Menschen – daher auch die Mumifizierung, auf die hier ebenfalls nicht

[11] E. Brunner-Traut, Märchen, Nr. 32.

eingegangen werden soll, zumal die in gewissen Zeiten bis zu hoher Vollkommenheit ausgebildeten Techniken wenig über den Glauben aussagen.

Dagegen gilt es nun noch, eine für den Ägypter höchst bedeutsame Frage aufzuwerfen, nämlich die nach der Art der *jenseitigen Existenzform.* Wir haben im Kapitel über die Schöpfung gesehen, daß der Lebensraum für die Menschen begrenzt, endlich, gegliedert ist, daß es aber neben ihm einen Restbestand aus der Urzeit vor der Schöpfung gibt; es ist jenes ungeordnete Reich, in das eines Tages die ganze Schöpfung wieder versinken wird. Zu diesem chaotischen Teil der Welt gehören die Nacht und die Welt außerhalb Ägyptens Grenzen, also vor allem die Wüste; aber auch Himmel und Unterwelt, alles Leben außerhalb des Wirkungskreises der Götter oder des Pharao, sind zumindest chaos-verdächtig, das heißt für Menschen bedrohlich. Welchem Bereich gehört das Totenreich an? Ist es doch dunkel, wasserlos, ohne Zeit- und Raumteilung!

Es ist geradezu eine der Aufgaben ägyptischer Kultur, dieser bedrohlichen Jenseitswelt eine lebensnotwendige Ordnung abzuringen. Das geschieht auf vielfache Weise. Zunächst wird die zeitliche und räumliche Einteilung erreicht, indem man dem Jenseits Binnengrenzen schafft oder zuschreibt – wenn das in vollmächtiger Weise geschieht, fallen Aussagen und Schaffen zusammen. Auf Särgen des Mittleren Reiches, auf den Decken der Königsgräber wird die Gliederung bewirkt durch Sternuhren, also eine Stundeneinteilung der Nacht. In Unterweltsbüchern sind, wie wir gesehen haben (o. S. 137), die Strecken, die der Sonnengott in einer Stunde durchfährt, durch Tore getrennt, die Bereiche also scharf voneinander geschieden worden. Schon durch die klare Schilderung des Zustandes in dieser Unterwelt, der besonderen Funktionen der einzelnen Wesen, die geordneten Reihen in den Bildern wird dieser Bereich der Verstorbenen in die Schöpfung einbezogen. Wir finden immer wieder genaue Maße für die Ausdehnung einzelner Abteilungen dieser Welt. Die Befremdung, die uns bei solchen Zahlen befallen will, weicht dem Verständnis, wenn wir uns das Bestreben der Ägypter nach Einbeziehung der Unterwelt in die Schöpfung, zu der sie nicht von vornherein gehört, vor Augen halten. Die Bereiche der Nacht und des Todes sind Grenzgebiete, die es zu sichern gilt, und das geschieht durch ihre Hereinholung in die ägyptische Ordnung, also in eine begrenzte, zeitlich wie räumlich durch Grenzen gewonnene Welt. Ein kosmologischer Text stellt ausdrücklich fest, daß der Bereich außerhalb der Sonnenbahn für Götter wie Geister unzugänglich ist. Da menschliches Leben nur innerhalb der Schöpfung möglich ist, muß die Unterwelt, sollen die Verstorbenen leben können, analog der irdischen Welt geordnet sein, es muß ein Gott dort herrschen. Dieser ist der Sonnengott, der seine Herrschaft ausübt wie ein Pharao auf Erden, nämlich durch Zuteilen von Speisen und von Ländereien; Osiris wird in diesen Texten konsequent als nächtliche Form der Sonne aufgefaßt.

Es stellt sich die Frage, was ein Ägypter für sein Fortleben im Jenseits tun konnte? Die Antwort ist vielschichtig, selbst wenn die zeitliche oder soziale Herkunft der Aussagen unberücksichtigt bleibt. Zunächst kann er durch materielle Zurüstung: Grabbau, Grabausstattung, Mumifizierung materielle Lebensmöglichkeiten schaffen. Ferner versprechen Riten bei der Beisetzung wie: „Mundöffnung", nämlich der Mumie sowie der Statue; „Verklärungen", nämlich zu einem Ach, ebenso die Kenntnis der für die Jenseitsreise unentbehrlichen Ritualsprüche, ja schon die Mitgabe entsprechender umfangreicher Spruchsammlungen zu helfen. Aber auch rechte, d. h. gottgefällige Lebensführung ist von Bedeutung, wobei zwischen kultischen und ethischen Pflichten, zwischen Opfer und Gebet einerseits und Pflichten gegen Mitmenschen andererseits nicht geschieden wird. Das Neue Reich bewertet das innere Verhältnis des Menschen zu Gott, seine Ergebenheit in seinen Willen, die Annahme einer Schickung hoch (s. Kap. V).

Zu dieser Vorsorge für sein eigenes Schicksal nach dem Tode tritt zu allen Zeiten die Möglichkeit Lebender, für einen Verstorbenen Gutes zu tun: Sei es durch Opfer und Gebete, sei es durch Herrichten des Grabes, sei es nur durch die Nennung des Namens als des eigentlichen Proprium eines Menschen, wodurch seine Individualität gestärkt wird. Von großer Bedeutung ist aber eine denkerische Anstrengung ägyptischer „Theologen", die das Jenseits durch Setzen räumlicher und zeitlicher Grenzen dem Chaos abgerungen und es so zu einem menschlichen Lebensraum gemacht haben. Ihre Unterweltsbücher hatten unter anderem diese Aufgabe.

Während wir aus Ägypten keine Zweifel an der Existenz Gottes oder der Götter kennen, da jeder die Macht der Sonne, das segensreiche Wirken von Fruchtbarkeit bei Mensch, Tier und Feld, das Einwirken der Gottheit in sein persönliches Dasein erlebte, sind zumindest seit dem Mittleren Reich die *Zweifel* an einem Leben im Jenseits, jedenfalls an einem Leben, das so beschaffen ist, wie die Denker es lehren, nicht mehr verstummt. Freilich dürfen wir nicht in den Totentexten, die uns bisher geführt haben, nach solchen Bedenken suchen; wir finden Spuren der Skepsis vielmehr in den Harfnerliedern, wie sie beim Gastmahl und bei Totenfeiern gesungen wurden, und bei Klageliedern im Totenzug.

In „leichteren" Fällen laufen diese unorthodoxen Aussagen auf einen Zweifel, auf ein Ignoramus hinaus, also einen Agnostizismus: „Noch keiner kam wieder, daß er unser Herz beruhige". Oft aber klingen schärfere Töne auf, ja die „Herabsetzung des Jenseits" wird geradezu zu einem Topos, allerdings mit dem Ziel, zu einem Genuß des diesseitigen Lebens zu ermuntern. Wenn von den berühmten Weisen der Vergangenheit gesagt wird, daß ihre Gräber zerfallen seien, daß es sei, als hätten sie niemals gelebt, wenn es heißt: „Keiner kam, der ihr Schicksal erzählt und alles, worum unser Herz sich quält, bis auch wir gelangen, wohin sie gegangen ... Denn keiner nahm mit sich, woran er gehangen, und niemand kommt wieder, der einmal gegangen", so zeugt das von einer tiefen Skepsis gegen alle materiellen Vorkehrungen gegen den Tod und gegen die Vorstellungen von einem glücklichen, ja selbst nur leidlich zufriedenen Dasein dort: „Das Wüstenland bedeutet Dunkelheit", heißt es, oder: „Der Westen ist dürftig". Einmal haben sich solche Zweifel sogar ins Totenbuch gedrängt: Wo Osiris, der Gott, der sterben mußte und zwar auferweckt wurde, aber in die Unterwelt verbannt bleibt, dem Allgott Atum sein Los klagt – und aus seinem Munde klagt die Menschheit (Spr. 175) –, lesen wir: „O Atum, was soll es, daß ich zur Wüste des Totenreiches forteilen soll? Sie hat kein Wasser, sie hat keine

Atemluft, sie ist ganz tief, ganz finster, ganz unendlich!" (Atum erwidert:) „Du lebst dort im Frieden des Herzens". (Osiris:) „Aber dort läßt sich ja keine Wollust finden!" „Ich habe Verklärtheit (wörtl. ,Ach-Sein') an Stelle von Wasser, Luft und Wollust, und Frieden des Herzens an Stelle von Brot und Bier gesetzt, sprach Atum".

Hier wird der materiellen Vorsorge eine Absage erteilt im Sinne einer Vergeistigung des Jenseitslebens. Nicht alle Ägypter konnten sich zu einer solchen Hoffnung durchringen, und mehrfach lesen wir: „Das Jenseits, das ist Durst, während Wasser daneben steht, es ist Dunkelheit und Einsamkeit". Die Spätzeit, die zu rührenden Gefühlen neigt (wir haben oben S. 57 von ihrer Liebe zum Horuskind gesprochen, das als Waise unter Gefahren aufwachsen muß), betont immer wieder das schwere Geschick verstorbener Kinder, die doch ganz unschuldig waren und gar nicht erst das Leben genießen konnten [12].

In der Ptolemäer-Zeit kommt die Jenseitsschelte noch einmal in dem Ruf einer verstorbenen Frau zu ihrem überlebenden Gatten deutlich zum Ausdruck: „Was sind die Jahre, die man nicht auf Erden verbringt? Der Westen (= Totenreich) ist ein Land im Schlummer, eine lastende Dunkelheit, der Wohnort der Toten. Sie schlafen und können nicht erwachen, um ihre Brüder zu sehen. Sie können ihre Väter und Mütter nicht erblicken. Ihre Herzen vermissen ihre Frauen und Kinder. Das lebende Wasser, Nahrung für jeden Mund, Durst ist es bei mir. Ich dürste, während Wasser neben mir steht. Ich weiß nicht, wo es ist! Gib mir lebendes Wasser! Wende mein Herz zum Nordwind am Ufer des Wassers! Ach bitte, möchte mein Herz kühl bleiben bei seinem Leid! Der Tod, ,Komm!' ist sein Name, ruft jeden zu sich, und sie kommen sogleich zu ihm, während ihr Herz schaudert aus Furcht vor ihm. Die Großen sind in seiner Hand wie die Geringen . . . Er raubt das Kind lieber als den Greis, der schon in seiner Nähe wandelt". Gedanken des Totentanzes finden sich auch in der häufigen Bezeichnung des Jenseits als „Land, das die Men-

---

[12] E. Otto, Die biogr. Inschriften der äg. Spätzeit, Probleme der Ägyptologie, Bd. 2, 1954, S. 46 ff.

schen mischt", wobei für ägyptische Ohren zugleich etwas von der chaotischen Gefahr dieser Unterwelt mitschwingt.

Vielschichtig wie Hoffnung und Furcht des Menschen ist auch das ägyptische Bild des Jenseits – zwischen Paradies, Hades und Hölle, zwischen materieller, ritueller oder ethischer Vorsorge und geistiger „Herzensruhe", zwischen Überfluß in Gottesnähe und arger Not, zwischen Eingeschlossensein und freier Beweglichkeit schwankt das Bild vom Danach. Durch alle Zeiten und Stimmungen hindurch aber zieht sich die ägyptische Grundgewißheit, daß nach dem Sterben das Individuum erhalten bleibt (evtl. freilich als Strafe einen Zweiten Tod sterben muß) und daß Leben auch dort nur in einer geordneten, begrenzten Welt möglich ist; für das Jenseits repräsentiert diese Ordnung zum einen der große Zeitbegrenzer, die Sonne, zum anderen das Recht, für das Osiris als Jenseitsherrscher steht.

SCHLUSS: NACHLEBEN UND BEDEUTUNG

Wenn wir zum Schluß nach den Wirkungen ägyptischer Religion auf benachbarte Kulturen, ja u. U. bis zu uns hin fragen, so müssen wir historisch vorgehen und werden gleich zu Anfang vor unlösbare Fragen gestellt. Es dürfte gegen alle Wahrscheinlichkeit sein, daß Ägypten und Griechenland so ähnliche Mythen wie die von der Trennung Himmels und der Erde, die als Paar aufeinander geruht haben, oder die vom drachenbezwingenden Heros, der die Zivilisation gegen ein Meerungeheuer verteidigt, unabhängig voneinander geschaffen haben sollten – und doch kommen wir bei der Bestimmung des Verhältnisses beider Kulturen über Vermutungen nicht hinaus[1]. Auf festerem Boden stehen wir bei Platon, dessen Ägypten-Aufenthalt die griechische Überlieferung bezeugt. Nicht nur, daß einigen seiner Dialoge „ägyptische" Mythen angehängt werden (die freilich platonisches Geistesgut sind), der Grieche preist Ägypten insofern seinen Landsleuten als Vorbild, als dort Kunst und Musik seit undenklichen Zeiten als Erfindung der Götter unverändert tradiert werden[2].

Bevor Alexander Ägypten an die griechische Welt voll anschloß, hatten Griechen, vor allem Jonier hinreichend Gelegenheit, ägyptische Religion, zumindest in ihren äußeren Formen, im Niltal selbst kennenzulernen, da sie seit dem 7. Jh. dort siedeln konnten. Da steht es nun außer Frage, daß die Vorstellung von einem Heilbringer, der einen göttlichen Vater, aber eine irdische Mutter hat, auf den Geburtsmythos der Pharaonen zurückgeht (s. S. 73). In der antiken Welt hat er vielfältige, wenn auch nicht immer edle Früchte getragen und wird von verschiedenen Heroen erzählt: von Alexander selbst im hellenistischen Roman, wonach sein Vater der letzte ägyptische

---

[1] Vgl. S. Morenz, Die Begegnung Europas mit Ägypten, 1969, S. 36 ff.
[2] Gesetze II 656 D–657 A.

König, Nektanebos, ist, der ihn in der Maske des Amun gezeugt hat, ferner von Herakles, ja sogar von Homer³. Noch am römischen Kaiserhof wurde ein entsprechendes Zeremoniell durchgeführt. Daß Zusammenhänge mit der Geburtsgeschichte Jesu nach Lukas bestehen, liegt auf der Hand – die genauen Überlieferungsverhältnisse sind aber kompliziert und müssen hier auf sich beruhen⁴.

Nach solchen Präludien strömt mit der Öffnung Ägyptens durch Alexander d. Gr. und seine Nachfolger Ägyptisches in starker Welle nach Kleinasien, Griechenland und Rom, von wo es mit den römischen Legionen und römischen Siedlern Pannonien, Hispanien, Gallien, Germanien, Britannien ebenso erreicht wie Nordafrika. Überall, im Mutterland wie in den neugewonnenen Kolonialgebieten, entstehen Isistempel, überall werden Osiris, Horus und Anubis verehrt – freilich in bezeichnend assimilierter Form, vor allem in Mysterienvereinen und -kulten, die Ägypten nicht gekannt hat. Man hat diese auffallende Verbreitung ägyptischer Kulte ansprechend damit erklärt, daß nur ägyptische Götter das dem Menschen bei seiner Geburt bestimmte Geschick, besonders seine Todesstunde, ändern und hinauszögern, daß sie ihm „gegen das Geschick" eine längere Lebenszeit zuteilen konnten, während die antiken Götter selbst dem Schicksal unterworfen waren. Zudem bot der ägyptische Totenglaube Substantielleres als antike Hades-Vorstellungen, kräftigere Hoffnungen, aber auch erheblich mehr Einwirkungsmöglichkeiten auf das jenseitige Geschick.

Die bedeutendste religiöse Hinterlassenschaft Ägyptens aber ist ohne Frage der Gedanke des Totengerichts, besonders seine Instrumentation mit einer Waage; sowohl nach Griechenland wie nach Israel wandert der Gedanke an ein Gericht, das über die Lebensführung eines Menschen Rechenschaft fordert und dann entsprechend

³ Heliodor, Aithiopika 3, 14; zu den anderen und weiteren Spuren s. H. Brunner, Die Geburt des Gottkönigs, 1964, S. 213 ff. Neuerdings noch W. Burkert, in: Museum Helveticum 22, 1965, S. 166 ff. zu Demaratos.
⁴ Dazu E. Brunner-Traut, in: Zeitschr. f. Religions- und Geistesgesch. 12, 1960, S. 97 ff.

seinen Taten das Jenseitslos bestimmt. Das Christentum mag diese Vorstellung über das Judentum oder später (Petrus-Apokalypse) erhalten haben – die Herkunft noch der Bilder des Jüngsten Gerichts, oft mit der Waage, aus Ägypten ist nicht zweifelhaft[5].

Weniger klar ist der Zusammenhang bei der Trinitätsvorstellung, so nahe sich die ägyptische Fassung von einem Vatergott, einem Leibgott und einem Geist mit der christlichen berühren – es fehlen bis jetzt einleuchtende Zwischenglieder, so daß wir über Wahrscheinlichkeiten nicht hinauskommen. Man darf damit rechnen, daß Strukturen des Göttlichen unabhängig voneinander zweimal erkannt und formuliert worden sind[6].

Nachdem schon von dem Einfluß ägyptischer Religion auf die Bibel die Rede ist, sei auf eine grundsätzliche Schwierigkeit hingewiesen: So ähnlich manche Psalmen ägyptischen Hymnen sind – man hat oft den 104. Psalm mit Echnatons Aton-Hymnus verglichen –, so ungewiß muß es bleiben, ob eine Abhängigkeit im Sinne einer Übernahme vorliegt oder nicht vielmehr zwei Stämme aus der gleichen Wurzel, nämlich einem gemein-altorientalischen Bewußtsein, vielleicht auch aus gemeinsamem Motivschatz, dessen Ursprung in Zeiten zurückreichen, die uns nicht mehr zugänglich sind. Wir wissen es nicht.

Mit den beiden Hinweisen auf das ikonographische Vorbild der Isis mit dem Horusknaben für die Madonna lactans und auf den Zusammenhang der ägyptischen Höllenvorstellungen mit mittelalterlichen beschließen wir diese ohnehin unvollständige Aufzählung von Einflüssen ägyptischer religiöser Vorstellungen auf Um- und Nachwelt. Wirklich fruchtbar könnte die Aufzählung nur werden, wenn in jedem Fall nicht nur der Wanderweg, sondern vor allem der Grad der Assimilation des übernommenen Gutes an die neue Umgebung geprüft würde, eine Aufgabe, die in diesem Rahmen nicht

[5] Vgl. S. G. F. Brandon, The Judgment of the Dead, 1967.

[6] Die Frage der Trinität in Ägypten und ihrer Nachwirkung ist oft diskutiert worden, wir nennen nur S. Morenz, Ägyptische Religion, 1960, S. 151 f.; ders., Die Begegnung Europas mit Ägypten, 1969, S. 89; Hornung, EuV S. 215.

referiert werden kann und zudem bereits von Siegfried Morenz sachkundig angegangen worden ist (s. o. Anm. 1).

Doch möchte ich betonen, daß die eigentliche Bedeutung der Religion der Pharaonenzeit weniger in dem liegt, was Umwelt und Nachwelt an Vorstellungen theologisch oder ikonographisch übernommen haben, als vielmehr darin, daß die Ägypter ein geschlossenes und in sich lebensfähiges System der Weltsicht, Weltdeutung und daraus resultierender Pflichten des Menschen geschaffen haben, mit dem und aus dem eine Kultur 3000 Jahre leben konnte. Sosehr dies weitgehend mythisch bestimmte Bild auch heute veraltet ist – es hat offenbar wesentliche Keime der Wahrheit enthalten. Allein diese Tatsache erfordert eine Auseinandersetzung. Allererste Schritte dazu dem Leser zu ermöglichen, das ist das diesem Abriß gesetzte Ziel.

LITERATUR

Es sind nur grundlegende Werke genannt, wobei deutschsprachige bevorzugt werden.

1. Text- und Bildsammlungen

Jan Assmann, Ägyptische Hymnen und Gebete. Zürich und München 1975 (ÄHG).

André Barucq et François Daumas, Hymnes et Prières de l'Egypte ancienne. Paris 1980.

Hellmut Brunner, Ägyptische Texte, in: Walter Beyerlin (Hrsg.), Religionsgeschichtliches Textbuch zum Alten Testament, Grundrisse zum Alten Testament, Das Alte Testament Deutsch, Ergänzungsreihe Band 1. Göttingen 1975 (ATD).

Emma Brunner-Traut, Altägyptische Märchen. 6. Aufl. Düsseldorf–Köln 1983 (E. B.-T., Märchen).

R. O. Faulkner, The Ancient Egyptian Coffin Texts, Vol. I–III. Warminster 1973–1978.

R. O. Faulkner, The Ancient Egyptian Pyramid Texts. Oxford 1969.

Jean Claude Goyon, Rituels funéraires de l'ancienne Egypte. Paris 1972.

Erik Hornung, Das Totenbuch der Ägypter. Zürich und München 1979.

Erik Hornung, Ägyptische Unterweltsbücher. Zürich und München 1972.

Hermann Kees, Aegypten, in: Alfred Bertholet (Hrsg.), Religionsgeschichtliches Lesebuch. Tübingen 1928.

James B. Pritchard, Ancient Near Eastern Texts Relating to the Old Testament. 3. Aufl. Princeton 1974 (ANET).

James B. Pritchard, The Ancient Near East in Pictures. 2. Aufl. Princeton 1969 (ANEP).

2. Nachschlagewerke

Hans Bonnet, Reallexikon der ägyptischen Religionsgeschichte. Berlin 1952, 1972.

Lexikon der Ägyptologie, hrsg. v. W. Helck, E. Otto und W. Westendorf. Wiesbaden 1972 (4 Bde. erschienen) (LÄ).

3. Monographien

Cyril Aldred, Echnaton. Gott und Pharao Ägyptens. Bergisch-Gladbach 1968.

Emma Brunner-Traut, Gelebte Mythen. 2. Aufl. Darmstadt 1981.

Henri Frankfort, Egyptian Religion. New York 1948, 1961.

Erik Hornung, Der Eine und die Vielen. 2. Aufl. Darmstadt 1973 (Hornung, EuV).

Erik Hornung, Tal der Könige. Zürich und München 1982.

Hermann Junker, Pyramidenzeit. Einsiedeln 1949.

Siegfried Morenz, Ägyptische Religion. 2. Aufl. Stuttgart 1977.

Siegfried Morenz, Gott und Mensch im Alten Ägypten. Leipzig 1964.

Günther Roeder, Urkunden zur Religion des Alten Ägypten. Jena 1915, 1978.

Frank Teichmann, Der Mensch und sein Tempel. Ägypten. Stuttgart 1978.

Weitere, in der ›Literatur‹ nicht aufgeführte Abkürzungen:

GM	Göttinger Miszellen
MÄSt	Münchner Ägyptologische Studien
MDAIK	Mitteilungen des Deutschen Archäologischen Instituts, Abteilung Kairo
OLZ	Orientalistische Literaturzeitung
SAK	Studien zur Altägyptischen Kultur

REGISTER